顧客本位の変わる保険営業

上野直昭
一般社団法人保険健全化推進機構結心会 会長
一般社団法人全国保険代理店会 会長

近代セールス社

はじめに　～変化しない者は生き残れない～

保険業界、保険代理店業界は激変しています。
この点について異論のある方は少ないと思いますが、いかがでしょうか。

要因の一つには、国内マーケットの縮小があります。
家計においては給料が上がらないと消費は増えません。しかし、日本のGDPの70％程度を占めているサービス産業は、目の前の売上低迷を食い止めるのに必死です。したがって、賃金も消費も増えない。当然、デフレ傾向が続いています。

こうした中、保険という商品が顧客からどう見られているのかを、売る側の保険募集人が全く認知していないということに大きな問題があるのではないでしょうか。過去の栄光を未だに信じ、旧態依然とした売り方を粛々と続けているため、顧客との乖離をさらに拡大させているということに気づいていないのではないかと筆者は考えています。

保険は元々、顧客と全く接点がない保険会社が作り出した商品を、顧客と強い接点を有する独特で強固な販売網で売るというスタイルでしたが、依然としてこの状態が続いています。

顧客動向が大きく変化する中、本来は「顧客の声を拾い集めて商品開発すべき」ですが、古い体質の保険業界ではこうした展開はできず、相変わらず保険募集人にとって手数料が高くて売りやすい商品ばかりが世に出ているように思います。

保険会社は「売ってくれる保険募集人が売りやすい商品を作っていて、お客様に喜んでいただこうという目線で保険を作っていない」という現実がある以上、保険についての顧客離れは自業自得のことかもしれません。


保険業界が激変しているもう一つの理由は、金融庁が従来の〝処分庁〟から〝育成庁〟に180度方向転換したことにあると思います。

従来は金融庁の決めたマニュアルに沿って健全経営をしていればよかった金融機関は、独自のビジネスモデルを求められ、その根幹として「顧客本位の業務運営」の体制構築が必須となりました。

1998年に金融庁の前身である金融監督庁が発足してから20年が経ちました。金融機関に22歳で入社した社員の皆さんは42歳となり各金融機関の主戦力となっていることでしょう。しかし、指示待ち、あるいはマニュアル頼りで20年間を生きてきた社員の皆さんが、創意工夫を求められても無理だと思います。

「これまで当たり前だったことが当たり前でない」時代が到来している今、その変化に応じた改革を実現するためには、考え方や行動のすべてを１８０度変える必要があります。そのためには、これまでの20年と決別することです。

まずは、このことを念頭に置くことが必要だと考えます。

保険募集人の方々も、保険会社の指示に従ってさえいれば生き残れた時代から、顧客と接する保険募集人自らが創意工夫し、顧客本位を貫き、顧客に寄り添い信頼される存在にならなければなりません。


「何とかなる」で過ごせてきた保険業界は今や「何ともならない」業界になっています。まずは、この現況を理解し、そのうえでどう対処し、目先3年後にも保険募集ができる状態にしなければなりません。

間違いなく言えることとは、「変化しない者は生き残れない」ということです。保険募集人はいかに変わるのか。その答えは「徹底した川下戦略によるカスタマー・イン（Customer in）」と「顧客本位」を貫き、「顧客認識とのズレの解消」に注力することだと考えています。

さあ、保険募集人の皆さん、すべての考え方や行動を「顧客目線」で洗い直してみませんか！

外資系生保の男性セールスマンはなぜ、華やかな海外ブランドのスーツを身にまとい、脱ぐ時大変だろうと思うような靴を履き、高級時計を輝かせながらお客様と接するのでしょうか。お客様はそれを望んでいるのでしょうか。生保レディはなぜ、外見から一目でそうとわかる恰好をされるのでしょうか。その外見に対するお客様の声を聞いたことがあるでしょうか。お客様の捉え方と自分の間にズレがあるとは考えられないでしょうか。何となく、昔からそうしているので今もやっている的な、従来の当たり前路線の継承で今もやっているだけではないでしょうか。

こうした外見ですら、「お客様から見てそれがふさわしいのか？」を自ら問いただし、「当たり前だった概念」のすべてを変える時を迎えていると思います。

保険の募集チャネルも変化し始めています。

商況施設に入って不特定多数の顧客に複数の保険提案をする保険ショップも、本来の「お客様の笑顔、お客様からかけていただける『ありがとう』の一言のために」から「単純に金儲けのため」へと理念そのものが崩壊した結果、お客様に飽きられ、中堅保険ショップは保険業法体制整備の負担増もあって保険会社や金融機関に売却されました。

一方、販売網を有する携帯電話ショップや家具販売店やドラッグストアは、既存顧客へのサービス追加としてＢ２Ｃで保険を販売するようになりました。まさに、業界の垣根を越えたパイの奪い合いが過熱しているのです。

こうした現実をきちんと見据えていますか？　見据えることができなければ対処のしようもありません。このようなチャネルの変化も「顧客目線」で捉え、今のお客様はどういう場面で、どのようにして保険に接したいと考えているのか、そのためにはどこに「接する場」を作るべきか等々を考えていく必要があるでしょう。

打つ手は無限にあります。ちょっとした創意工夫や心の持ち方で顧客との接点を密接にすることがまだまだ可能です。

本書では、こうしたヒントを読者の皆さんにご紹介したいと考えています。皆さんが3年後にお客様にとってのオンリーワンとなり、勝ち残れるための今後の行動のヒントにしていただければ幸いです。

もう一度、言います。

当たり前だったことが当たり前でなくなる時代がすでに到来しているのです。

保険代理店は勝てない時代に突入したとおっしゃる方も多いですが、それでも勝てる方法は必ずあります。そのためには変化することです。変化しない者は生き残れません。このことを肝に銘じて、本書をお読みいただけましたら幸いです。

上野　直昭

目次

第3章 大きく変わる保険の概念 103

CONTENTS

第1章

保険ショップはなぜ巨大販売チャネルに成長したのか

はじめに、戦後のわが国における保険販売チャネルの変遷について、駆け足で触れておくことにします。

太平洋戦争後、多くの戦争未亡人があふれ生活に窮していたことへの対策として、月払い等の保険料集金業務を委託したことから生命保険のセールスレディが誕生しました。生保レディは全国津々浦々、足を使って地域をくまなく回り、担当する地域や企業に毎日のように出向いては保険募集を行い、大量雇用・大量退職の圧倒的な募集人の数の回転で大きな成長を遂げました。その後、1979年、ソニー・プルデンシャル生命（現、ソニー生命保険株式会社）がヘッドハンティングで採用した男性募集人によるフルコンサルティング営業をスタート、さらに、一社専属制ではなく複数の保険会社を扱える保険代理店が登場するなど、保険ショップ登場前にも生命保険の募集チャネルは変化を遂げてきました。

その後、保険の案内チラシをポスティングで各自宅に届け、資料請求から保険申込みを得る手法が、それまでの休日等に自宅に押し掛けられて保険契約すること等への嫌悪感から一般に受け入れられました。また、セールスレディのような強大で盤石な販売チャネルを持たない外資系生保は、足にかわる莫大な資金力を活かし、ポスティングという紙媒体からテレビ等を使った広告を流し、ここにコールセンターによる電話募集を絡めるというマスの力で成果を上げていました。コールセンターで一担当者がわずか1日でANP（新契約年換算保険料）1000万越えの成果を上げるなど効果は立証されました。

こうした中、ポスティングによる保険募集という新しい形態にいち早く取り組んでいた株式会社アドバンスクリエイトはマザーズ上場を果たし、投資家から資金を調達し、それまでの保険代理店の概念にはなかった拡大再生産をスタートさせました。上場で得た資金力を駆使しながら圧倒的な量のポスティングとインバウンドコールにより、保険代理店という業態では考えられなかった規模となった同社がさらにお客様との接点作りとして始めたのが、来店型複数保険会社乗合型保険ショップになります。

筆者がこの保険ショップ「保険市場」に携わり、全国各地に「複数の保険会社の商品が扱えて気軽に保険相談できる場」として保険ショップを展開し始めたのが、ちょうど13年前になります。その当時、すでにマザーズ上場を果たしていたアドバンスクリエイト（現東証一部上場）だけが商業施設に出店可能な「格」を有していたため、一人勝ちで最大全国約200店舗まで拡大しました。

ちなみに、「格」の意味がおわかりになりますか。保険業法改正の中、保険代理店にも取引先を選別する社内規定なるものを作られたと思いますので、おわかりになる方も多いと思いますが、要するに商業施設が決めた一定の基準値を達成しないと出店させてもらえないという規定です。例えば、資本金がいくら以上で、業歴は10年以上、直近3年間の業績が黒字で、帝国データバンクの評価がC以上でなければ出店できないといった規定が商業施設ごとにあり、これをクリアできる保険代理店は、当時、アドバンスクリエイト以外にはなかったと思います。商業施設出店にあたっての「格」のほか、出店当時、多くの保険会社からは、病気等の履歴を偽っての「告知義務違反での加入」が多くなり、給付金支払いの際にトラブルを起こす危険性が高いとしてネガティブな対応をされ、引受保険会社が非協力的というハードルもありましたが、マザーズ上場を果たした当該社ゆえにスタートできました。

その後は、FC出店いただいた全国各地の保険代理店が創意工夫を試み、トライ&エラーを複数の出店FC保険代理店で共有化すること等々を経て、今では全国各地に2300店舗以上の保険ショップが存在するまでに急拡大しました。

最近では、駅を降りると、銀行で保険販売のポスターを目にし、ドラッグストアに入ると保険のパンフレットが置いてあって葉書を出せば詳しい話が聞けるようになっていて、さらに少し歩けばいくつかの保険ショップの屋号が目に入り、ドコモショップに機種変更で行けば保険ショップがあり、行きつけのスーパーにも保険ショップが出店しているなど、わずかの範囲に保険ショップが過剰気味に存在するようになりました。

なぜ、保険ショップはここまで市民権を得たのでしょうか。

従来の保険募集チャネルへの嫌悪感、個人情報保護法施行によって生保セールスレディが従来のように気軽に職場に出入りすることができなくなる等の時代の要請によるところも大きいとは思いますが、お客様の動向を知るために、まずは、保険ショップの10年を振り返ってみたいと思います。

1 おもてなしで急伸

保険ショップはおもてなしで急伸したと考えています。
保険ショップの一日を見てみましょう。

朝は掃除からスタート

商業施設は朝9時か10時にはオープンしますので、1時間前には出勤して通常30分前には開店準備を完了させる必要があります。出勤すると店舗前を覆っている網等を外し、パンフスタンドを表に出し、パソコンの電源を入れ、そして、毎日掃除をします。

お客様をお迎えするのに汚れていては話になりません。お客様が座る椅子も丁寧に拭き掃除をし、子どもたちが遊べるキッズコーナーもゴミがないか、ケガをするようなものはないかを確認します。

筆者は保険会社に20年以上勤務しましたが、朝の就業前に社員が事務所を掃除する光景を見た記憶がありません。お客様が来られない事務所ではありますが、今から思うと異様なことだと思います。

保険代理店の皆さん、毎日出社したら全員で事務所の掃除をしていますか。応接室の席に座ったら、足元にゴミが落ちていた、ガラスの机が汚れていた、書棚に本が乱雑に置いてあった、壁面に掛けてある時計の時間が大きく狂っていた、あるいは止まっていた、座ったソファーに人の髪の毛が付いていた、スリッパが履くのを戸惑うほど汚くて薄かった、事務所に靴を脱いで上がろうとしたが靴箱が一杯で自分の靴を置く場所もなく、かつ汚かった等の光景をよく目にしますが、こんな当たり前のことすらできていない保険代理店で、どうしてお客様が保険契約したいと思われるでしょうか。

こうした気持ちすら欠如している代理店が多いので、お客様は、毎日当たり前に心配りをしながら掃除をして「お客様をお迎えするのに十分綺麗にしている保険ショップ」に立ち寄られるのです。

当然、店舗ですので、相当なお金をかけて作ってあります。保険ショップ「保険市場」では、お客様との接客ブースはオリジナルで制作したものであることをご存じでしょうか。お客様と保険相談する際に、お客様がパンフレット等を複数部数置いても重ならない幅と奥行き、パソコンを活用し保険設計書等をお客様にご覧いただくのに見やすい距離、小さなお子様連れで来店され、ご両親が着座されても、お子様がご両親の間に入れる一定のスペースを確保した寸法を考えて特注の机を使っていました。

ポイントは「お客様に使っていただきやすい机」です。

椅子も、たまに出来の悪い保険ショップではキャスター付きの椅子を使っていますが、これだと動きますので、想像できないような事故発生の可能性もあります。少なくとも幼児を抱いた状態でキャスター付きの椅子はあり得ないと思います。まず、幼児を抱いているママは座りません。そんな顧客想いのない保険ショップに来店があるわけがありません。4足のキャスターのない木製の椅子がベストで、クッションの部分が十分深くて、背中の部分もゆったり座れるように工夫された椅子を使っています。

そのため、当然、コストがかかって来ます。でも、「お客様のためのコスト」ですので、かけて当然です。

あなたの保険代理店では、お客様とお会いするブースはどうなっていますか。

市販されている事務机と椅子ですか。

保険相談されるお客様をお迎えしようという気があるのでしょうか。

経費がかかるからお客様と接する大切な場所に事務机と椅子でしょうか。

ナンセンスですよね。

こういう代理店に限って、社長室の椅子はとんでもなく高い椅子を使っているのです。本末転倒ですよね。保険ショップでスタッフがどんな椅子に座っているかをぜひチェックしてみてください。案外、お客様より立派な椅子を使っている所を見かけますが、こうした保険ショップは間違いなく数年で無くなっています。お客様目線の店舗か否かは瞬時に判断できるのであって、お客様を甘くみてはいけません。

どこに視点をもっているのか、こうした入口の段階でわかります。

お客様はこうしたことに間違いなく気付かれています。

保険代理店、保険ショップで来店がないと嘆くところがありますが、そもそもの入口である日々の清掃から真剣に取り組めば、翌日から来店客数は変わります。

清掃は「お客様に気持ちよく来店いただくための最低限のマナー」だと思いますよ。

朝の挨拶

そして、朝の挨拶。商業施設に開店と同時に入ると店頭にスタッフが立ってお出迎えの挨拶をしてくれるのを見かけますよね。あれと同じで店頭に立って10分間くらいは店頭を通るお客様にご挨拶をします。

朝の挨拶は、路面店でも同様に実施されています。

福岡県久留米市にある保険ショップは道路に面した路面店。このショップの朝礼は朝8時過ぎには全員が保険ショップの外に出て、道路を通行中の車等に向かって挨拶をしています。

「おはようございます」と大きな声で挨拶して深々と頭を下げ、数分間は頭を下げたままです。そして、「いらっしゃいませ」と言って同じ動作を繰り返します。

道路を通る車からは、その光景が目に入ります。こうした姿を、車を運転しながら毎日目撃するとどういう気持ちになりますか。多くの方が「保険に入る際には、こんなにしっかりとした気持ちの良い挨拶ができる保険ショップに行ってみたい」と思うわけです。

挨拶は、「毎日、声を出して」やらないと、お客様が来店された際にできません。

挨拶くらい何もやらなくてもできるとお思いの方も多いと思いますが、簡単にできるものではありません。これを日々繰り返す、凡事徹底があって保険ショップは成り立っているのです。

挨拶のもう一つのポイントは「笑顔で」です。

保険ショップに行くと至る所に「鏡」が置いてあります。バックヤードがある店舗にはバックヤードのドアの内側に間違いなく設置されています。これは「バックヤードから店舗側に出て行く際に自分の笑顔を確認するための鏡」です。「笑顔良し」と声を出して、「さあ今日もお客様の笑顔のために頑張ろう！」と思いを新たにバックヤードから出ていくのです。バックヤードの扉がオン・オフの境界線になるのです。

全身が写る鏡を置いている所も多いですが、これは衣服のチェックもできますので、より良いと思います。ちなみに、女性の場合は化粧落ちのチェックもできますので、必ず鏡はスタッフが見やすい場所に複数設置することをお勧めします。女性のお客様は女性スタッフに厳しく、過去、女性スタッフの口紅が少し落ちていて、お客様から「だらしがない」と指摘をいただいたこともあります。男性からは気にならないことも同性の女性からは見えるのです。そのため、接客ブース一つひとつにスタッフしか見ることができない場所にも小さい鏡を置いておきましょう。お客様と接している際に自分の笑顔を確認し、化粧落ちをしていないかの確認のためのものになります。

「笑顔」は「人が見て笑顔である」ことが大切です。そのために毎日の朝礼で「笑顔確認」をしています。挨拶をしてにっこり笑顔でほほ笑むという確認をスタッフ相互で行っています。

笑顔も日々していないと、本当の笑顔がお客様に対して出ません。お客様と保険相談をしてお客様から「今日はありがとうございました」と笑顔で御礼をいただくことを日々の目標として取り組んでいる保険ショップでは100％以上の笑顔は必須アイテムになります。

声を出しての挨拶と自然に出る笑顔を日々の朝礼で確認し合うことだけで、お客様は違いをわかってくれますよ。

保険代理店事務所に行くと、挨拶すらできない所が多すぎますね。「人としての基本」を忘れてはいけません。事務所内に入って行くと、じろじろと見られたうえに挨拶すらしない。こんな教育のできていない保険代理店でお客様は保険加入しようと思いませんよね。

ある保険代理店にアポを取ってお邪魔したことがありますが、事務所前の駐車場には車が乱雑に停めてあって、車と車の隙間を抜けないと事務所の入口に到着できませんでした。お客様の車であれば仕方がないと思いますが、全て社員の車でした。アポで来店者があるのに、社員に車移動を指示できない保険代理店でした。しかも、事務所前には100円駐車場があるのです。通常、社員はこの100円駐車場に停めて事務所前の駐車スペースはお客様のために常に空けておく必要があると思いますが、この代理店にはこうしたお客様を大切にするという想いは全くないことがわかりました。

この段階でこの代理店はダメと判断し、そのまま帰ったことが何度かあります。失礼を通り越して無礼ですよね。この代理店はどこを向いて仕事をしているかは直ぐにわかります。どんなに良いことを言っていてもすぐにメッキは剥がれます。

挨拶は基本中の基本ですが、できていない保険代理店が多いからこそ、笑顔でしっかり挨拶のできる保険ショップに来店が相次いでいることを未だにわかっていない所が多すぎますね。

お客様への電話連絡

掃除と朝の挨拶が終わって次にやることも決まっています。

それは、過去半年間にご来店いただいたお客様のアンケート用紙を一枚一枚めくりながら気がついた箇所に付箋をして、数百枚の中から20枚を選んで直接電話をすることです。

保険ショップのルーティーンとして朝9時から10時くらいまでの1時間強をかけて実施するよう、一日の仕事の業務内容に組み込まれているのです。

保険ショップでは、基本、保険ショップにご来店いただくとアンケートをご記入いただだき、お客様のご意向を把握します。個人情報の取扱いとなりますので、多くの保険ショップでは「半年間だけ」個人情報をもとに各種ご案内や電話連絡等の許諾を取って対応しています。したがって、半年間活用して保険成約に至らなかったアンケート用紙は半年後には処分しています。処分の仕方も溶解処理をして業者から確認書を取り付けています。大切な個人情報の取扱いについて、保険ショップでは徹底した管理をしている点もお客様の評価につながっているのだと思います。

これを一枚ずつめくりながら、お客様のお顔を思い浮かべながら色々と想像することから仕事が始まります。

そして、誕生日が近い方には「お誕生日が近づいて来ましたが、ご提案させていただいた保険料が年齢が上がることで変わりますので、もう一度ご検討にお越しになりませんか」と電話をかけます。

もし、来店時のメモに『春になったら検討する』とあったら、「もう直ぐ、保険をご検討されたいとお客様がおっしゃっていた春を迎えます。新しい芽吹きがあるこの季節に来店されて、改めて保険のご相談はいかがですか」との連絡をしています。

これを毎日、ほぼ同じアンケート用紙をめくりながら、お客様のお顔を思い浮かべつつ実行しています。日々見ることで、日々気づくことがあります。また、保険ショップは出勤のシフトを組んでいますので、朝番の出勤者がいつも同じではありません。数人のスタッフが同じアンケート用紙を見るので、スタッフ毎の違った視点で連絡することができます。さらに、連絡してお客様と対話ができた場合は、アンケート用紙にこの旨のコメントを残します。そうしないと、誕生日が近いお客様に異なるスタッフから連続で連絡が入ってしまい、ご迷惑をかけてしまいますよね。

毎日、お客様のお顔を思い浮かべながらの作業なので、連絡したお客様が来店された際にはすぐに「○○様、ご来店いただきありがとうございます」と素直にご挨拶ができ、自然とスタッフは満面の笑みを浮かべます。直接お会いしなくても、常にアンケート用紙をもとにお客様に寄り添っているので、この気持ちがお客様に伝わるのです。

ちなみに、保険ショップの案内チラシを各家庭のポストに投函する「ポスティング」がどのくらい効果があるかをご存じでしょうか。今は10万世帯にポスティングして恐らく1件の問い合わせがあれば良い方だと思います。お金をかけてポスティングしても1件の問い合わせがあるかないかの中、アンケート用紙をもとに接していただいたお客様が再来店いただいたことを想像してみてください。どんなに嬉しいことでしょうか。この「わざわざご来店いただいてありがとうございます」の気持ちが表情や行動に自然と出ると、お客様は「ここに来て良かった」と直感されます。

こうした思いやりの気持ちがおもてなしとなり、多くのお客様から信頼を勝ち取ることができたわけです。一度お会いして保険加入は難しいなと思った瞬間にその後全く連絡もしないような保険募集人から保険加入はあり得ないのです。

保険はお客様に喜んで「買っていただく商品」です。売るものではないのです。

午後のゴールデンタイムはハンディング

さらに、午後1時から3時までをゴールデンタイムとして商業施設内の保険ショップでは「ハンディング」を義務化しています。お昼が終わって子ども達が学校から帰って来るまでに夕食の準備に商業施設に来店されるママをターゲットに、チラシ等を手渡しながらお声かけをします。

ハンディングのポイントは、お声かけしながら気持ちを差し上げることです。

よく駅前で作業のように黙ってチラシを配っている人がいますが、何も伝わってこないので受け取ることはありません。中には何のチラシを配布しているかを声かけしつつ、きちんと相手の目を見てアイコンタクトをとってくる人もいますが、この時は受け取っています。

ハンディングは、配ることが目的ではなく、配っているチラシの内容を伝えることが目的であり、その気持ちを持ってやっているかいないかで大きな差が出るのです。

ハンディングしても手で払いのけられたと嘆く保険ショップスタッフもいますが、それは逆のオーラが出ているのです。心の中で『面倒くさいな。さっさと受け取れよ！』と思ってハンディングしているので、その気持ちがお客様に見透かされて、出したチラシを手で払われるのです。

筆者もたまにハンディングしますが、冬の寒いある日、手袋をされたご婦人が立ち止まって、わざわざ手袋を取ってチラシを受け取っていただいたことがあります。「ご丁寧にありがとうございます」と感謝の気持ちを直接伝えた際にお客様から「温かい気持ちが伝わってきたので、受け取らないわけにはいかないし、手袋で受け取るのは失礼だと思いました」と言われ感激した記憶があります。

何をするにも全力で、気持ちを込めてやることが人を動かすのです。

接客時のおもてなし

接客時にも、数多くのおもてなしを用意してあります。

来店されたお客様がパンフレットスタンドでパンフレットを手に取っていた際に、保険募集人のあなたは最初に何をしますか。

見ていた保険のパンフレットが医療保険だとすると「医療保険にご関心がおありでしょうか」と言って近づくスタッフがいるとすれば、その店舗は残念ながらダメ店です。

この場合、基本、お客様は何か手荷物をお持ちだと想定されますので、椅子をお持ちして「お荷物を置いていただいて、ゆっくりパンフレットをご覧ください。近くにおりますので、いつでもお声かけください」と言って、お客様から離れるのです。

お客様は荷物があればパンフレットも見づらいですよね。したがって、見やすくしてあげる行為が最初になります。常にお客様のことを考えていれば自然とできる行動ですが、保険を売ろうとしてお客様のことを考えていない所では絶対にできない行動です。

余計なことですが、お客様に近づく場合は、お客様のどちらから寄って行きますか。答えは右です。左には心臓があるので、本能的に身を守ろうとして避ける行動を人はとってしまいます。そのため、〝右から寄る〟というのは接客業では基本です。

さらに、乳児を連れたママと保険相談になった際に、赤ちゃんがお乳を吐くという場面は意外と多くあります。この際に、躊躇なく、きれいなタオルを赤ちゃんの口元に出せますか。保険ショップでは、こうした場面を想定して、いつも新しく綺麗なタオルが準備されています。この光景をご覧になったママは、その瞬間「ここで保険に入る」と決意されます。

おもてなしの行動が感動を呼ぶのです。

SNSの怖さ

ついでに一つ質問です。

ご来店いただいたお客様がアンケートを書かれた際に、何と今日が誕生日だったという場合、あなただったら何をどうされますか。

気の利いた保険募集人であれば、他スタッフに近くでお花を買ってくるよう指示して、お客様がお帰りの際にお花を差し上げるというところでしょうか。

では、この対応に感動したお客様が別のお客様にこの情報を伝え、そのお客様が誕生日の日に期待してあなたの保険ショップに来られた際に、気の利いた保険募集人がいなくて何の感動も与えられなかったとしたらどうなるでしょうか。一挙に店舗に来店が減ってしまいます。なぜか。それは、ＳＮＳが原因です。

お客様は感動したことがあればＬＩＮＥやツイッター、フェイスブック等のＳＮＳを活用して情報発信をします。「あの保険代理店に行くと素晴らしい対応をしてくれる」とつぶやいていただくと、多くの友人が共感して「その店舗に行ってみたい」という行動につながります。逆に「あの保険ショップ最低」とつぶやかれると、来店は一挙になくなります。保険ショップでは不特定多数のお客様と対峙しますので、とても気を遣いながらお客様と接しているのです。

こうしたことから、保険ショップでは、あらゆる場面を想定した「対応マニュアル」が作られています。

例えば、来店されたお客様がたまたま誕生日だったという際には、この金額で何を買って、さらにスタッフ全員がカードに「お誕生日おめでとうございます」と一言コメントを書いてプレゼントするというマニュアルになっているのです。

マニュアルがあれば、たとえ入社数日の新人スタッフでも、お客様に同じ感動を提供することができるのです。個人としてではなく店舗としての対応ができるゆえに、感動の輪がSNSを軸に広がり、保険ショップに多くの来店があったのです。

こうした事案は、不特定多数のお客様と1年間「無休」で運営している保険ショップでは多くあります。こうした事案は「お客様からご教授いただいたプレゼント」と考えています。

実際、10年くらい前になりますが、保険ショップに来店されたお客様から保険加入するにあたって「この保険会社のソルベンシーマージンを教えて?」と質問されたことがありました。スタッフにはその意味がわからず、筆者に電話があり、電話を替わってお客様と直接お話しさせていただく機会を得ました。お客様は保険に関する書籍等で保険のことを勉強され、本気で保険に加入しようと保険ショップに立ち寄られ、ようやくお客様の意に合う保険商品を見つけられたのですが、保険会社の安全性を知りたくてソルベンシーマージンを聞きたいとのことでした。お客様のおっしゃることが当然でしたので、お客様に「申し訳ありませんが、1時間だけお時間頂戴してよろしいでしょうか。よろしければ当該商業施設に〇〇というケーキが美味しいと評判のカフェがありますので、当方で負担させていただきますので、お茶とケーキを楽しんで来ていただいてよろしいでしょうか」とお願いして1時間の猶予をいただきました。そして、部下にすべての保険会社の広報に電話して直接保険会社から直近のソルベンシーマージンを確認して一覧表を作り、1時間以内に全店舗に送信しました。1時間後、お客様がご来店され、お客様のご希望された保険会社と確認できたすべての保険会社のソルベンシーマージン一覧表をお渡しして喜んでいただいたことがありました。

その後は定期的にソルベンシーマージン一覧表を更新し、ホームページにも掲載するなどの対応を徹底しました。

10年前ですので、当時は今ほどSNSは活用されていませんでしたが、そのお客様からの口コミで多くのお客様が「しっかり顧客対応のできる店舗」として高い評価をいただき、来店いただくことにつながりました。

それ以来、お客様の声を大切にする対応を保険ショップでは取らせていただいているのです。

「ここまでやるか」のお見送り

お客様がお帰りの際には、最後、見えなくなるまでお見送りをしています。

福岡県福岡市のある保険ショップでは、ショップを出て右方向に進むと下りのエスカレーターがあり、多くのお客様はこの動線でお帰りになります。エスカレーターに乗るとちょうど保険ショップが正面に見えて来ますが、お見送りをしていたスタッフ全員が頭を下げたままの状態になっていることにお客様は気付かれ、恐縮しながらエスカレーターで階下に降りていきます。この間、少なくとも2分間、頭を下げて、というよりほぼ直角に身体を曲げた状態でお見送りをしています。

「今日はご来店いただき本当にありがとうございました」という想いをお客様に伝えるために日頃から普通に行っており、店舗にいるスタッフ全員が表に出てお見送りをしています。お客様はこの光景をご覧になって、おそらく「この保険ショップで保険に加入して良かった」と思われていることでしょう。

また、日常、その光景を目撃している周りの他の店舗スタッフの方も、自分達も保険に入る際はこの店に行こうと決めていただくことが多く、保険加入者の中には、隣の店舗の店員さんや店長さん、はたまた商業施設のマネージャーさん、荷物を配達している運送業者の方もいらっしゃいます。

気持ちの良い行動は気持ちを持って仕事をしている方の共感を呼ぶのだと思います。いかがでしょうか。保険ショップでは日常、こうした「おもてなし」が普通に実行されています。しかも、このような「おもてなし」が店舗ゆえにマニュアル化され、今日入社したスタッフでもできる体制が構築されているのです。

商業施設に出店することで鍛えられる

商業施設に出店すると、当たり前のように商業施設から依頼を受けたミステリーショッパーがやってきて、店舗のチェックをされます。ミステリーショッパーとは覆面調査員のことで、店舗スタッフの日常の対応をチェックして問題点を指摘してくれる業者のことです。商業施設では最低年に1回は実施され、大抵3名の性別、年齢の異なるミステリーショッパーが店舗を普通に回って来て、保険ショップの場合は保険相談をして、その際のスタッフの対応をチェックし、報告書が商業施設に提出され、ランキングも発表されます。

下位に位置すると商業施設から改善指導があり、改善されなければ退店となります。最初は全くノーガードでミステリーショッパーを受け入れましたが、その後趣旨を理解し、お客様のための必要最低限のことだと捉えてきちんと取り組んでいたので、評価は高くなり、中にはミステリーショッパーで来店した方の保険をその場で成約したというツワモノが登場したこともあります。

商業施設に出店することで、商業施設のマネージャーやリーシング担当者等からサービス業として当たり前なのに保険代理店では当たり前でなかったことを多く教えていただき、各商業施設の顧客対応の強みを共有することで最強のおもてなしに成長していきました。

セールスマンである前にヒューマンを育てる

そもそも、おもてなしは「人として当然の行動」に過ぎません。セールスマン、ビジネスマンという人ではなく、「ヒューマン」としての人ができる行動だと考えます。そのため、保険シップでは「ヒューマン」の育成に力を注いでいるのです。

そして、ヒューマンに育てられたスタッフのちょっとしたおもてなしが顧客の信頼を勝ち取り、保険ショップはこの10年間で大きく飛躍できたわけです。それは、逆に従来の多くの保険募集人にはおもてなしの精神が不足していたことを立証した形になりました。何度も繰り返して恐縮ですが、保険は売るものではないのです。信頼で保険を買っていただいているのです。ちょっとしたおもてなしが、理屈を超えた感動となり、保険という絆につながるのです。

保険代理店は保険代理店業ではなく「サービス業」です。保険募集人は小売・サービス業のスタッフという位置づけでお客様からは見られているのです。ゆえにお客様からすれば「おもてなし」は当たり前なのです。この肝を理解することが大切です。

2 多くの保険代理店の工夫を共有化

保険ショップ創業の「保険市場」が保険マーケットに来店型保険ショップ旋風を吹かせた要因には、全国各地の地元保険代理店との協業でスタートしたことも大きく影響しています。

筆者が「保険市場」の展開に携わって1年後には、「保険市場」は全国に100店舗ありましたが、そのうち70店舗は地元保険代理店との協業店舗であり、筆者が開拓・運営管理等の責任者をしていました。北海道から九州までの地元保険代理店には初めての来店型保険ショップに果敢にチャレンジしてもらい、トライ&エラーを繰り返していただきました。当時、こうした代理店を、同じ志を持つ代理店＝「CA店」と称していました。

そして、全国のCA店を定期的に集め、失敗事例を共有し同じ失敗をしないために何をどうすれば良いかの議論ができ、成功例はそのまま真似して実施するということができたため、成功するための期間を大幅に短縮することができました。

集客のためのイベントの多くはここから創出され、10年前に起ち上げられた一般社団法人保険健全化推進機構結心会（以下、結心会）を通じて多くの代理店に伝えられました。「占いを活用したイベント」「機械を使って人それぞれの持つオーラをチェックするイベント」「夏の金魚すくいやカブトムシイベント」「弁護士、税理士といった士業と提携したイベント」「乳がん触診検査といった健康に関するイベント」「ボーリングのピンに病名を書いてお子様にボールを投げてもらって残ったピンに書いてある病気について説明するイベント」「ガチャガチャを使った保険の説明」等々、今でも活用されているイベントの多くは、こうした地元保険代理店の色々な取組みを固定化させたものです。

7月に実施する「七夕イベント」もその一つです（**写真①**）。

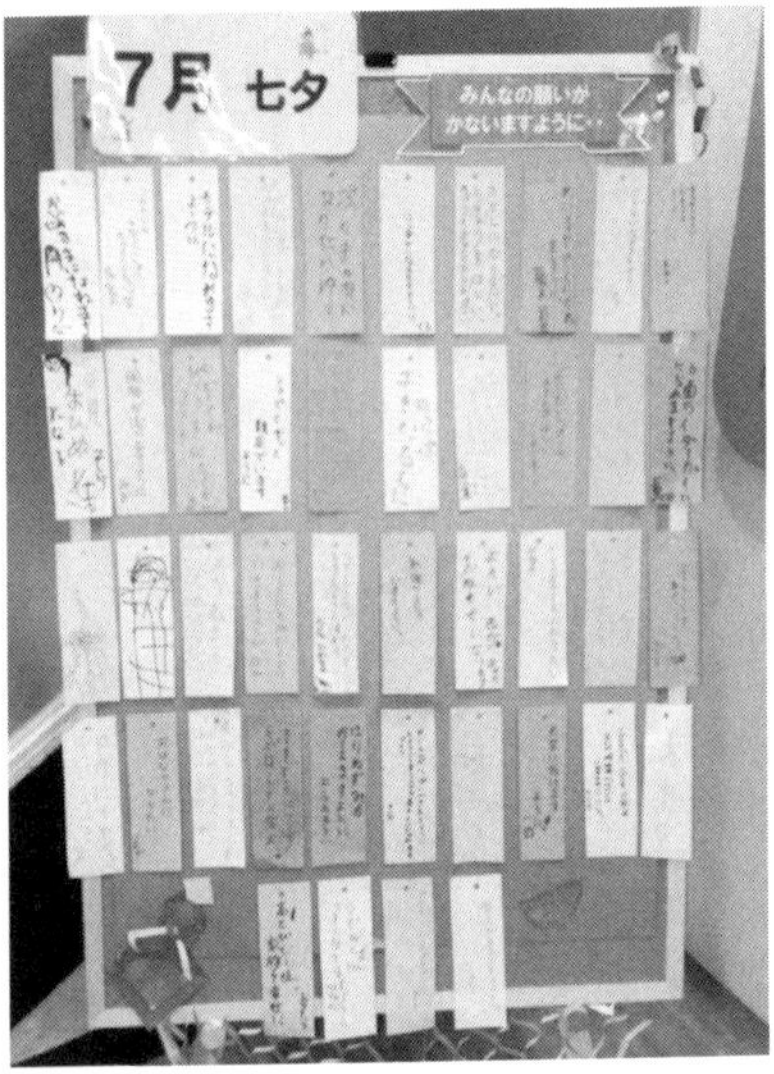

写真① 保険ショップにおける
七夕イベント

6月初めに近くの山に入って竹を切ってきて保険ショップ店頭に設置し、短冊とマジックを準備し、子どもたちに「願い事」を書いてもらって、笹につるしてもらうというイベントです。子どもたちは「お父さん元気でね」といった願い事を多く書いてくれて、子どもたちとお父さんと一緒に笹につるす際に「お父さん、お子様のためにも保険、考えないといけないですね」と横からお声かけをすると、そこから保険相談につながり、契約に至るという実に効率的なイベントです。

このイベントの凄いところは、7月7日が終わると、近くの神社にこの笹をちゃんと奉納していることです。そして、奉納して祈祷してもらっているところをＤＶＤに録画して、保険ショップ店頭に設置したデジタルサイネージで放映するのです。笹に願いを託したお客様は、まさか神社に奉納されていたとは思いませんので、映像をご覧になって、そのまま保険相談される方が多くあります。感動がこうした行動につながるのだと思います。

「お客様を笑顔に」「地元代理店ゆえに地域に貢献する」「保険を通じて地域住民を支える」等のコンセプトを持って、全国各地の代理店が創意工夫してくれたことを、皆で共有化し、仲間を信じて実行した結果、保険ショップは急拡大したのです。

「お客様のために何ができるか」を常に模索し、お金をかけてチャレンジし、初めてのことなのでお客様の気持ちを掴み切れず上手くいかなかったことも多々ありましたが、ネットワークを組んで情報を共有化したことで、段々とお客様の意向を理解でき、サービス業の認識のもとに「日々、変化」「日々、進化」させていくことができました。

コンビニでも商品開発を日々繰り返していますが、保険ショップでも同じことをしているのです。

今、金融庁から保険代理店は「質」を求められています。「質」とは何かについては議論もありますが、ポイントの一つは顧客目線で考え、お客様からズレていないかを検証し続けることだと考えます。もう一度、全国の代理店が取り組んでいる「お客様のための創意工夫」を共有化し、「質」を高められる「場作り」が必要だと思います。

3 個人のバランスシートをもとに提案

保険ショップでは、アンケート用紙をもとに、お客様の声を「聴く」ことに注力してきました。「聞く」のではなく「聴く」という行為は非常に難しいものです。「聴く」という字を分解すると、耳編に目という字が横にあって最後は心という字で構成されています。「耳」で聴いて、「目」で相手の反応を見つつ目でも聴いて、最後は「心」で聴くことが「聴く」ことだと、筆者が開催する勉強会でも長い時間を使って説明しています。

保険募集人とお客様は保険の知識について言えば、圧倒的に保険募集人が有利です。ゆえに多くの募集人は「先生」になってしまい、保険について延々と語る方が多いと思いますが、これでは話になりません。

まずは、お客様の悩み事や困り事を、「聴く」ことが肝要です。「聴く」ことでお客様の「リスクを分析」しないことには何もスタートできませんよね。お客様の立場からすると「聴いてもらえる」と「聴いてくれない」の差は極めて大きいことを肝に銘じてください。お客様は「自分の話を聴いてくれる保険募集人から保険に加入したい」のです。

余計な話ですが、保険募集人が「喋らなければ聴くことができます」ので、筆者は強制的に喋らせないやり方を保険ショップで採用したことがあります。それは、お客様が話し始めたら、そっと飴を舐めるというものです。お客様に失礼と思われては本末転倒なので細心の注意を払って飴を舐めます。飴が口に入っていれば、相槌くらいは打てても喋れないですよね。飴を舐めすぎてスタッフが太ってしまったという想定外の出来事もありましたが、お客様の話を聴くことは、それほど重要なことなのです。

話を本気で聴こうとすると、身体をお客様のほうに寄せていきますので、身体が傾きますよね。こうして傾いて本気で聴くことを「傾聴」と言います。ただし、身を乗り出し過ぎてお客様に近づいて聴こうとすると、若干セクハラ的要素もありますので、ご注意ください。

保険ショップでは、ミステリーショッパーの業者を定期的に頼んで、スタッフの対応をチェックしています。この際に、ミステリーショッパーからスタッフが身を乗り出して話を聴こうという姿勢は大いに評価するが、近すぎて嫌だったという感想をいただいたことがあるため、ほどほどにしていただければと思います。

そして、傾聴の一助となるような「色々なツール」を使って、ライフプラン設計に必要な個人のバランスシートを作成していきます。いくつかの数値をパソコンに入力すればライフプラン等が直ちに出てくるというものもありますが、「聴く」という仕事の中でのことですので、一緒にやっている感がお客様に見える「紙媒体」を使うことをお勧めしています。

紙媒体のバランスシートを、電卓を叩きながら一緒に作っていく行程がお客様にとっては新鮮な行為で、バランスシートを自分で作りつつ、人生設計を思い浮かべることができ、自分の人生のストーリーを作ることができます。

こうした「聴く」行為に重点を置き、お客様と一緒になってバランスシートを作ることは従来にない行為で、保険ショップは自分に合った保険作りが自分でできると認知されて多くの来店につながったわけです。

もう一度、「聴く」ことに重きを置いた接客を徹底されることをお勧めします。

4 自ら保険を見直したい中間層がターゲット

保険ショップ出店の際のターゲットとしては、加入している保険を自ら見直してみたいと考える中間層を想定していました。

したがって、保険ショップの出店先は、実は大手企業の工場等がある場所近辺の商業施設にしました。実際、この想定はズバリと当たりました。

愛知県に出店した保険ショップには、多くの地元超優良企業の社員、関連会社社員の方に多くご来店いただきました。目指した保険は「子どものための貯蓄になる保険」でした。

ご存じのように、こうした企業には企業内保険代理店が存在しますので、保険ショップで保険加入する人はいないという声もありましたが、「構成員契約」という規制が機能してくれました。企業内保険代理店で企業の社員の生命保険については第三分野は契約できるけれど第一分野は契約できないという素晴らしい規定です。そのため、「子どものための貯蓄になる保険」は企業内保険代理店では取扱いができなかったのです。そのうえ、大企業の社員の方ですので、ドル建て保険の為替リスクや変額保険の説明をしてもすぐにご理解いただくことができました。

個人のバランスシートを作成すると、子どものために支払える金額も大きな金額設定ができ、大きな成果を得ることができました。

イベント告知のチラシのポスティングも「社宅」中心に配布するとコンバージョンの確率が非常に高く、お勤め先の企業がわかるので年齢を聴けば年間所得額も推定できました。

さらには、子育てが落ち着いた来店者の奥様から保険ショップで働いてみたいという声が多くあり、四大卒の優秀なスタッフ集めにも寄与しました。こうして採用したスタッフがさらに友呼びをしてくれたため、中間層に口コミで保険ショップの使い方が浸透していったのです。

10年前、地方では取り扱う保険募集人がいなかったソニー生命などは、保険ショップの店頭に「ソニー生命の学資保険、あります！」と掲示するだけで、加入したいという方が多く来店され、このことも「中間層をターゲットにして良かった」と思った瞬間でした。

中間層をターゲットにしたことで、「ウェブサイトを活用した戦略」もスタートしました。今はスマホで誰でもウェブサイトを活用してチェックしますが、当時、保険商品の内容や引受保険会社のソルベンシーマージンを表記し、まずは「お客様自身で保険を勉強していただく」という流れは新鮮でした。

ウェブサイトを見て保険ニーズを自身で掘り起こした中間層は、自分の考え方が正しいかどうかをチェックしたいという行動に出ます。そこで、保険ショップに誘導することができました。お客様からしても、近くのいつも買い物に行っている商業施設に、自分の都合の良い時間で行けるわけですから、当然、多くの支持を得ました。

保険ショップの初期は、こうした中間層ターゲット戦略があり、大きく飛躍したのです。常に今後どのターゲットに絞り込んで、どう戦術を組んでいくか等々を考えた結果が保険ショップ隆盛の初期を支えたのです。

5 東日本大震災による圧倒的な来客

大きく飛躍し始めたため、さらに新しいお客様開拓のために、保険代理店が「テレビCM」を始めました。山口県の保険ショップでは地元のテレビ局に毎月一回10分ではありますが、帯番組にコーナーを作り、保険の目的、保険の仕組み等々を伝えたところ、わずか1年で県内では知らない人がいないほどの認知に至りました。メディアの力は凄いと改めて痛感しました。余談ですが、毎月の放送に向けてプロデューサーやアナウンサーと打ち合わせを繰り返していると、放送局の方々から保険の必要性が理解できたのでぜひ加入したいと依頼が殺到し、多くのアナウンサーや放送局勤務の方々の保険成約に至りました。正直、想定外でしたが、最初に取り組んだ「ファースト・ペンギン」にだけ、こうしたラッキーは生まれてくるものだと思います。

その後、大手保険ショップもテレビCMをスタートさせ、年間50億円ほどの広告費を使って年中CMが流れるようにしたため、保険相談の予約が殺到し、一時期は保険相談するのに3か月待つといった状態にもなりました。

こうした保険ショップへの来客増に拍車をかけたのは、東日本大震災の光景でした。メディアを通じて放映された現場、多くの亡くなった方の遺族の姿が放映され、それまで潜在化していた保険ニーズが一挙に顕在化してしまいました。

こんな想像もしない事態が現実に起こることへの恐怖心から、万一に備える保険をかけておく必要性を全国各地の方々が一斉にお考えになり、お客様へのおもてなしの口コミやテレビCM等を通じて完全に市民権を得た保険ショップへ殺到されたのです。

筆者の経験では、従来の来店の5倍を超える来客となりました。ただ、来店者が殺到した結果、本来保険ショップが想定したターゲット中間層ではない層の方まで幅広く来店され、従来のおもてなしで感動を呼んで、ご一緒に保険相談し、お客様ご自身で保険を選択するという流れはできなくなり、現在ご加入の保険にアドオンで単品での保険加入依頼が中心となってしまいました。

そして、保険ショップではお客様の保険相談が「作業」のようになってしまい、もっとお客様に寄り添った仕事をしたいという志ある保険募集人の多くが辞めていくという想定外の事も多く発生しました。

また、東日本大震災後、来客数は5倍以上に膨らみましたが、ご契約いただける単価は逆に5分の1になってしまいました。

多くの保険ショップは、来店者数を賄いきれないと勘違いして、この時期、店舗数を大幅に広げました。どこの保険ショップも我先に商業施設に出店依頼をし、結果、デベロッパーたる商業施設はついに出店を「入札」制度にして、最も高い家賃を支払える事業者に出店を許可するという方向になってしまいました。結果、筆者の想像を絶する家賃が横行し、保険ショップ出店バブルのような感じになりました。

一方、これだけ多くの保険加入者を生み出す保険ショップは、保険会社にとっても見過ごせない存在となり、日本社の生命保険会社が子会社で別途生命保険会社を作り、保険ショップ専用商品を販売するという新手にも出ました。

ちなみに、商業施設に出店する際のコストをご存じでしょうか。

商業施設のリーシング担当者と打ち合わせをしながら家賃が決まりますが、家賃とは別に共益費や駐車場代、専門店会費といったコストもかかります。家賃が決まれば家賃の数か月分の保証金を支払わなくてはなりません。商業施設内出店の場合は、床や壁等に勝手に工事をしてはいけませんので、一定の制限の中、店舗ブース等を作っていきます。ご来店者のある商業施設での工事は基本夜間に行われるため工賃も高めになるわけです。

家賃、共益費等々が1坪4万円とすると20坪借りて毎月の家賃は80万円、そこに保証金6か月として480万円、造作はピンキリですが、複合機や電話、ネット環境の整備等々を考えれば、500万円ではすまないと思います。ここにスタッフが最低3人は必要ですので、社会保険料等の負担を含めて毎月100万円はかかってきます。これらを考えると、1店舗出店するのに2000万円は必要ということになりますね。

このようにコストのかかる店舗にもかかわらず、当時は保険ショップの出店競争が行われました。来店客が5倍以上になり、完全に保険ショップが市民権を得て、これから10年は大丈夫と多くの経営者が先を見誤った結果、出店競争となったのです。

多くの保険会社は店舗数が増えると単純に取扱高が増えると考え、大手来店型保険ショップに理由がわからないインセンティブ報酬や広告費等といった名目で資金援助したため、出店競争はとどまることはありませんでした。

保険ショップ、保険会社ともに市場を見誤ったがために、今の保険ショップの衰退と保険業界全体のカオス化があるのではないかと考えています。

もうこのように来店者が殺到するという来客バブルが襲ってくることはありません。事実、多くの保険ショップでは来店者数は減少していると聞いています。少ない来店者に感動を与えるために何をすべきかを初心に戻って考え直す必要があると思います。

6 後手に回った売り手教育

こうして保険ショップバブルを満喫していると当然欠如するものがあります。

一つは、保険ショップ経営者の理念の欠如です。

保険ショップを出店している保険代理店の多くは、「お客様のために何ができるかを常に模索して実行したい」という熱い想いを持ってスタートしました。ところが、収益が潤沢になることで、大前提の熱い想いが消えていきました。保険ショップスタッフと共に毎月勉強会等をして、経営者とスタッフが一心同体で運営した保険ショップから経営者が離れだし、スタッフとの距離感が開き、経営者からスタッフにかけられる言葉は「なぜ、予算達成できないのか」といった数値に関することばかりになってしまいました。お客様目線ではなく、経営者自身の目線で保険ショップが運営されるように成り果ててしまったのです。

こうした変化を一番敏感に感じるのは、誰かというと「お客様」ですよね。こうしてお客様が保険ショップにお金の匂いを感じてしまい、「保険を売りつけられる場所」が保険ショップと認識するようになってしまいました。

時期を同じくして、保険業法改正に向けての動きがスタートし、さらに金儲けだけで保険募集していたいわゆる「委任型募集人」の存在そのものが金融庁によって否認されるなど、大きな変化が「必然」として起こりました。

最大の欠如は、スタッフへの教育です。

元々、保険ショップを支えていた志の高い保険募集人は経営者の利益中心の保険ショップ運営に嫌気をさして辞めていき、補充として採用したスタッフは、お客様のご意向の単品売りに走り、本来やらなければならないお客様個々の声を傾聴し、お客様とご一緒にバランスシートを作成し、人生そのものをどう設計するか等を一緒に考えて、必要な保険の提案を差し上げて、お客様自身が保険を選択するという一連の流れの教育を全く受けることなく育ったため、何もできないスタッフばかりになってしまいました。

今、一部、商業施設内出店の保険ショップが「無人店」に転換する企画を実験していますが、何もできないスタッフを人件費をかけて置くぐらいなら「ロボット」で十分だという判断は理解できます。

こうした要因と東日本大震災以降の爆発的来店も落ち着いた今、保険ショップは経営理念を貫き、社員教育も疎かにしていなかったところを除いて、客足が止まっています。

結果、保険ショップのM＆Aが盛んで、銀行や証券会社、保険会社に買われ、益々、方向性が見えなくなってきています。

保険ショップの過去を振り返ると色々な「功罪」を生み出してきたといってよいと思います。しかし、浮かれることなくお客様目線で真摯に取り組んできた保険代理店もあるのです。「お客様目線で、お客様のために何ができてお役に立つのかを常に模索してきた代理店」と「経営目線でみてきた代理店」との差は、ここに来て「勝ち残る保険代理店と淘汰されて消えゆく保険代理店」の差になろうとしています。

7 そのとき結心会はどう動いていたか

保険ショップバブル時に生まれた保険会社からのインセンティブ報酬や広告費等の目的の不明確な支払いについては、金融庁の平成28事務年度金融レポートで指摘され、これを受けて生命保険協会から「保険募集人の体制整備に関するガイドライン」が発信され、ようやく歯止めが効く感じになっていますが、保険ショップ全体が衰退ムードにある中、正直、お金で契約を買い続けてきた保険会社も諸手を挙げて喜んでいると思います。

一方、顧客本位の経営理念を変化することなく、社員教育を常に続けてきた保険ショップも多くあります。これらの保険ショップの多くは結心会に所属し、3か月に一度、全国各地から保険代理店経営者が集まり、顧客本位を貫く勉強会等を通じて、常に変化してきました。

ここでは、結心会における取組みについて、いくつかご紹介したいと思います。

保険ショップの「多様化」

一つは、保険ショップの「多様化」です。

保険ショップではお客様個々のバランスシートを基に、お客様の夢の実現のため、人生設計をご一緒に考える中、保険以外での解決策も提案しています。そのため、「傾聴」の段階で、困り事や悩み事等色々なお話しを聴いています。

そして、相続でお困りであれば提携した弁護士等をご紹介し、息子に嫁が来ないで困っているということであれば保険ショップで婚活企画をしてみたり、平均使用期限が8年とライフプランが変わる年月と同じであることから家電販売をしたりと、数多くの場でお客様と接し続けるようにしています（詳しくは第4章をご覧ください）。

また、同じ金融ということで、証券会社や銀行と提携した「フィナンシャルショップ」にも挑戦してきましたが、残念ながら成功には至りませんでした。

保険ショップは「リアルに行ける場所」があり、ここから色々な情報が発信できる「ハブ」として機能できる存在でもあります。こうした「場所」が全国各地に数多くあることは、多様化させることでより機能を増し、多くの企業との提携も可能になると考えています。

保険ショップができて13年を経過し、大きくその存在価値が変化しようとする中で、「多様化」はまさしく必須だと考え、多様化のために必要と思えるものなら何でもやりたいと考えています。

ここには、モノがない安全・安心を販売する保険募集人の他を圧倒する「コミュニケーション能力」もあります。今は死語となった「ドブ板営業」を未だに実行している「営業力」もあります。これらを合わせた機能を持って「多様化」できれば、保険ショップは間違いなく突出した存在になると確信し、外部との提携を推進しています。

中間層から富裕者層へのターゲット変更

さらに、中間層をターゲットにしていた保険ショップが法人、富裕者層に手を伸ばすようになりました。

不特定多数のお客様を対象とした保険ショップですが、当然、店舗の前を通る方の中には経営者の方もいらっしゃいます。保険ショップでは、11月くらいにかけて提携した税理士を店頭に並べて「税務何でも相談」等をイベントで開催しますが、意外にもセカンドオピニオン的に税務相談したいという個人事業主の方や法人経営者の方が来店され、ここから企業のバランスシートを作り保険提案等を行っています。「個人」から「法人」も取り組むというターゲット変更の一つの取組みになります。

また、経営者に喜んでいただく情報ソースとして「海外研修」も実施しており、保険募集人と経営者が一緒に海外に行って現地で真面目に、「海外に進出した日本企業」に行ってレクチャーを受けたり、地元銀行や証券会社に実際に足を運んで実体験をしていただく研修等々も企画、実行しています。

潤沢な資産を有する富裕者層には資産形成系の「エッジの利いた」話が刺さると考え、海外での情報を実際に海外にご一緒して互いに学ぶということも行っています。

アフターフォロー

そして、アフターフォローの徹底を図っています。

保険ショップは固定店舗であるので、保険加入された多くのお客様と接しやすい場所に存在します。したがって、保険ショップを3年もやっていると、二人目の子どもが生まれたので保険加入したいといったリピーターが増え、全体の70％は既存契約の再契約という流れになります。

そのため、年に2回をめどに全契約者に案内をDMで出状したイベントを開催していています。年2回、全てのお客様に案内をすることで、保険加入者に安心感を与えることができ、多くの方々がイベント参加のため再来店いただいています。ここが、保険ショップゆえの強みと言ってよいと思います。

毎年1月末着弾で出しているDMは、2月中に来店いただくとバレンタインデーに因んでチョコレートをプレゼントするという企画ですが、過去鉄板で出状枚数の10％の再来店があり、そのうち70％の方が保険加入されています。このDMは、1年間、保険料をお支払いいただいた感謝の気持ちを経営者自らが伝えるという文章になっています。保険代理店とお客様が「つながっている感」は、保険ショップでしか作り出せないと思いますね。

いかがでしょうか。そんなことは当たり前にやっているということであれば、さらに頑張っていただければ結構です。でも、今後、引き続き色々な対策を個々で「継続的」に、しかも方向性を間違えずにやっていける自信がおありですか。前述の工夫も全国各地の保険代理店からの情報をまとめて加工し発信できる結心会があればこそできてきたのだと思います。今は、各地の代理店が個々に動くのではなく、ネットワークを構築し、皆で足並みを揃えて動くことが必要だと考えます。最新情報をいかに入手し、対策を皆で考え、実行し、検証するネットワークをさらに強化させないと勝ち残ることは難しいと考えています。

筆者は、昔から保険募集人の方には「あなたのコーチは誰ですか」と質問しています。野球のイチロー選手や大谷翔平選手にもコーチがいます。高みを極めるには、コーチなしではやっていけない時代なのです。今こそ、信頼できるコーチを持ち、ネットワークを作って仲間と一緒にどうやれば勝ち残れるのかを真剣に議論し、実行し、検証し、さらに実行し続けることが大切なのです。

第2章

保険業界を取り巻く環境の激変

保険業界を取り巻く環境が激変していることに異を唱える方はないと思います。では、どのように環境が変化しているのかを整理してみたいと思います。

1 金融庁・ガイドラインの度重なる改正

保険募集人の体制整備に関するガイドラインが生命保険協会から発信されています。平成27年11月12日に制定され、その後、4回の改正を経ています。直近の改正は、平成29年12月13日になります。

改正になった要因は、平成28事務年度金融レポートです。ここで「乗合代理店が保険会社から得ている報酬である募集手数料について乗合代理店の販売量の多寡に応じて決まるところが多く、必ずしも乗合代理店における丁寧な顧客対応やアフターフォローなどの役務やサービスの『質』を的確に反映したものとはなっていない。また、キャンペーン手数料やボーナス手数料等のインセンティブ報酬については、役務やサービスに照らした対価性に乏しく『質』に問題があると考えられるものが認められ、また金額水準（『量』）の高額化も進んでいる。インセンティブ報酬等も原資は保険契約者から預かった保険料であることを踏まえると、『質』・『量』ともに、顧客にきちんと説明ができる合理的なものにしていくことが重要である」と指摘されました。

保険代理店手数料は扱い規模が多いところに手厚く支払われていますが、これを否定して、「質」が高いと評価された代理店には多く支払ってもよいが、「質」が低ければ規模に関係なく支払うべきではないということを言い出されたものです。インセンティブ報酬等をもらっていない多くの代理店は「その通り」と小躍りして喜ばれていると思います。

これを受けて、平成29年12月13日付のガイドラインにある「乗合代理店が特定の商品を提示・推奨する際に、顧客に対してその理由をわかりやすく説明すること」の中に次のことが追加されました。

名目を問わず、販売促進を目的とした金銭や特定保険会社の商品販売が提供・継続の条件となっているもの等、実質的に募集に関する報酬と考えられるものについても、適切な提示・推奨理由をわかりやすく説明する必要があるとして、次の具体的事例を指摘しています。

- 一定の期間中、キャンペーンと称して特定商品の成果に対して受け取っている金額
- 一定の販売量（年換算保険料・件数等）に偏重した基準を設定し、当該基準に達した場

合に保険募集手数料に加算して受け取る、いわゆるボーナス手数料
•乗合代理店の表彰・研修において、海外だけでなく国内で実施する場合を含めて、宿泊数や研修内容、行き先等に照らして社会通念からみて過度と考えられるもの
•「マーケティング・コスト」「業務委託費」「広告費」「協賛金」「支援金」等の名目で、役務の対価として実態のない、または対価性の検証が困難な金銭等

おわかりになるでしょうか。要するに、保険会社は契約の取れるところにはお金をたくさん払ってぜひ当社で契約をお願いしますと保険代理店に最も安易な方法で接触してきたものを、「量」ではなく「質」を判断して支払うべきだと改正したのです。

ということは、「量」の拡大＝手数料率が高いという構図が崩壊することになります。苦労して多くの募集人を集めて取り扱い「量」の拡大にのみ進んでいた保険代理店は「質」としてはいかがなものかと疑問を投げかけられた結果、単純に手数料が下がるということになります。

インセンティブ報酬やボーナス手数料等が消滅し、そもそもの手数料ランクが下がれば、今の手数料収入の４分の１はなくなると想定されます。これが最も大きくて深刻な環境激変だと考えます。

代理店の立場で手数料を決めることができず、全て保険会社が決めるわけですので、抗

う術もありません。今と同じことをしても、25％減収するとなれば、経営は赤字に転落し、多くの保険募集人はまた離散し、保険代理店としての存続の危機に瀕します。今まさに、この瀬戸際に追いやられているのです。

2 マツキヨのB2Cチャレンジの怖さ

ドラッグストアの株式会社マツモトキヨシ（以下、マツキヨ）で保険販売が始まりました。

すでに数年前から日本調剤という調剤薬局が店舗内に自前の保険ショップを展開し、薬待ちのお客様を対象に保険相談を実施したことはご存じの方も多いと思います。

筆者は定期的に大型病院に検査で行きますが、こうした大型病院前にある調剤薬局を門前薬局と言います。大型病院前の調剤薬局ですので、何もしなくても毎日多くのお客様が薬をもらいに来店されますよね。多くの方が来店されるため、門前薬局での待ち時間は短くても1時間というところが多く、何をして待とうかと考えていると、そこに保険ショップがあると、つい相談したくなると思いませんか。

さすがに持病の治療等で来られている方にフルコンサルティングでの保険相談はできませんので、当該店舗ではこれまで扱い保険会社は1社のみで、扱う商品も誰でも加入可能な無選択型の保険に特化して販売していました。日本調剤自らが保険代理店を運営することで、個人情報関係をクリアしつつ、病気と保険はシナジー性が高いので、意外と成果を出していました。

今般のマツキヨは全く異なる戦術を使います。

マツキヨ店舗は若い女性をターゲットにしているため、パウダールームやネイルサロンなどもあります。当然、ドラッグだけでなく調剤薬局機能もあり、筆者がお邪魔した店舗では調剤の前のスペースにセルフで血圧等を測定できるブースがあり、このブースの上に保険のパンフレットが置いてあり、関心のある方々が自由に持って帰るというスタイルになっています（**写真②**）。

扱い代理店はマツキヨの子会社のマツモトキヨシ保険サービスで、扱う商品はネオファースト生命の保険限定で、当該社の汎用チラシがリーフレットに入って置いてありました。

ネオファースト生命には健康年齢で加入できる医療保険があるのをご存じでしょうか。

当該社の専用サイトに、過去3年分の健康診断の数値を入力すると健康年齢が出てきます。実年齢が50歳でも健康年齢が45歳となれば45歳の保険料で3年間契約ができます。そして3年後に再度直近3年間の健康診断の数値を入力します。50歳で加入した方は実年齢が53歳になっていますが、3年間生活習慣を改善した結果、健康年齢が以前と変わらない45歳となればさらに3年間45歳の保険料で契約できるという健康オタクにはもってこいの

写真② マツモトキヨシの測定ブースと保険パンフレット置き

保険となっています。

ネオファースト生命にすると、3年分の健康判断の個人情報を取得でき、さらに3年後、この数値がどう変わったかをチェックすることができ、こうしたデータを数多く蓄積できれば新しい保険商品開発に活用することができます。当然、お客様は健康に気を使っていますので、病気になることは考えにくく、結果、給付金支払い事案も従来の保険より大幅に少ないと想定されます。

こうした健康を意識した保険をドラッグストア、調剤薬局で販売されることに危機感を感じています。健康と保険は表裏の関係にあり、シナジー効果、シンクロ性は極めて高いと考えるからです。マツキヨでは、首都圏14店舗で実験し、パンフレットから保険加入依頼が多ければ店舗に募集人を定期的に設置すること等も検討するとしています。

これまで、多くの他業種・他業態が保険代理店事業に参入しました。

有名なのはドコモ保険ショップだと思います。携帯電話の機種変更にドコモに行ったら、待ち時間1時間と言われて、携帯電話も手元にない中、何をしようかと考えていると、そこに保険ショップがあると、思わず保険相談したいと思うでしょうというスキームを考えて出店されていますが、なぜ、携帯電話から保険なのでしょうか。

ドコモショップの保険ショップ展開の際の新聞記事には「保険は保険期間が長く、ドコモで保険加入することで他のキャリアに移ることを防止したい」とか「来店する多くの若者に保険提案する場を作りたい」などと書いてありましたが、それは顧客目線からするとビックリするほどズレていますよね。

しかも、携帯電話業界トップのドコモゆえに、保険スタッフは全て自前社員が行っています。個人情報の管理等、自社でやることでクリアできることは多いと思いますが、人件費や管理等にコストがかかり、撤退するにしても撤退するタイミングを逸してしまいますよね。

家具販売の株式会社ニトリも保険ショップを店内に展開しています。

家具を購入に来られたお客様は、新入学で学習机を購入に来られたとか、新社会人になって一人暮らしをするので家具一式を買いに来たとか、転勤で単身赴任となったので家具を買いに来たとか等、ライフプランが変わるタイミングの際に来店されます。

こうしたタイミングは、まさに保険見直しの絶好のタイミングでもあります。こうしたチャンスに保険提案ができれば、保険加入ニーズも顕在化していて販売しやすいと考えての出店だと推測しています。

ところが、「目的買い」で来店される方に保険相談はなかなか難しいことは保険ショップ10年の歴史が証明しています。

保険ショップ創業時の雄、「保険市場」はイオン、イトーヨーカドー、ららぽーといった商業施設に出店していましたが、百貨店からも出店要請があり、某百貨店に出店したことがあります。百貨店ですので、凄い売上と来店客を有していましたが、階ごとに販売しているものが限定されていて、保険は当然ですがサービスフロアかフードフロアに追いやられます。圧倒的な集客を狙って嬉々として出店しましたが、「百貨店は目的買いで来店」され、目的のものが購入できたら、そのまま帰られるという顧客動向を知ることとなり、数か月で退店した苦い記憶があります。

結婚式の引き出物を買いに来た、子どもの服を買いに来た、総菜を買いに来た等、それぞれが目的を持って来店され、それ以外の階はエレベーターで素通りという実態なのです。百貨店の包装紙に価値があり、お中元やお歳暮は百貨店と「特別な時」にモノを購入に来られるのであって、食材を毎日買いに行く商業施設との来店頻度の違いもネックとなりました。

実際、ニトリの保険ショップにご来店されたお客様から「ニトリファンでよく来店するよ」とおっしゃる方に、どのくらいの頻度で来店されるかをお聞きしたところ「月に一度」とお答えになりました。家具専門店になると月1回でもよく来ているという感覚になるのだと思います。さすがに月1回では次回アポが1か月先になり、これでは保険相談にはなりませんよね。したがって、ドコモやニトリが展開する保険ショップには何の脅威も感じませんでしたが、調剤薬局は別です。

今、保険に加入することで健康を意識するという保険加入の原点が大きく変化しようとしています。以前は、保険に入って、いざという場合に、リスクヘッジしてほしいという加入動機から、「保険に加入することで健康を意識して、病気にならないよう生活習慣を改善しようという動機への変化」です。

実際、ある調剤ドラッグ店で、健康セルフチェック機器を導入して、マイカードで数値管理できるシステムを導入したところ、リピーター客が増え、高タンパク質ヨーグルトや健康サプリメントの販売が増え、逆にお酒の売上が減ったという検証結果があります。

筆者は心臓バイパス手術後、自宅で使う血圧計を購入しましたが、実際に血圧を測定したのは購入後1週間だけでした。でも、調剤薬局に行って血圧計が置いてあれば、何となく測定しています。

人間心理とはこうしたものだと思います。こうした健康を意識する場所で保険販売することは今後の脅威になることは間違いありません。しかも、全国に調剤薬局は5万8000店舗以上あり、コンビニよりも多いのです。調剤薬局全てで保険販売が始まれば、顧客が間違いなく流れると思いませんか。

調剤薬局も厚労省から「患者に寄り添う」ことが求められています。薬価の改定も相次ぎ、勝ち残るために業態変化を求められています。本気で業態変化を保険に求められたら、勝てる気がしませんね。

3 ロボット対応の保険ショップが登場

ハウステンボスの澤田秀雄社長が展開されている「変なホテル」をご存じでしょうか。受付に女性や恐竜のロボットがいてチェックインの手続き等をしてくれたり、客室にもロボットが置いてあってルームサービスを取り次いでくれたりするようですが、このロボットを作っているタケロボ株式会社（東京都中央区、竹内清明社長）が保険ショップ向けにもコミュニケーションロボットを製作しています。

このコミュニケーションロボットですが、すでに実際の保険ショップに設置されていることをご存じでしょうか。しかも、設置しているのが、セブン保険サービスやイオン保険サービスといった商業施設系保険ショップというのですから、驚きと言わざるを得ません。

卓上型の可愛らしいロボットで、腕が動きつつ、おしゃべりしてくれます（**写真③**）。

保険ショップの店頭に置くだけで、自然と「集客」に役立つことは間違いありません。

最近の保険ショップでは、ソフトバンクのペッパー君を設置して集客しているところも

写真③ 保険ショップの卓上型ロボット

多々ありますが、卓上型のほうがお客様の立場で考えると対応しやすいと思います。「保険ショップの紹介」「取扱保険」「ライフステージで考える保険」等が検索でき、「ゲーム」も楽しむことができ、「もっと詳しく知りたい」を押すと保険相談の予約もできるという内容です。クラウドから各種設定変更ができますので、複数の保険ショップに設置された「複数」のロボットを本部から一括コントロールすることもできます。しかも、システム専門者でなくても、簡単なパソコンの知識があれば操作可能というのも魅力的ですよね。さらに、日本語以外でも、英語、中国語、韓国語などの音声認識もできます。米ＩＢＭのワトソン（Watson）と連携したロボットもあり、実際に試してみましたが、予想以上にスムーズに対話ができました。

商業施設系保険ショップ２社がすでに導入して実験をしていますが、このように保険ショップも「無人化」を視野に動き出しています。ロボットで「集客」して、自分にマッチした保険を「自分自身で検索」等したうえで、「人と会って保険相談」したいという方には喜ばれると思いますし、保険ショップとしても効率的ですよね。

元々、商業施設系保険ショップは、スタッフに固定費をかけることを嫌って、基本、アルバイトで対応し、十数店舗に１人のマネージャーで対応していましたので、これでは教育等全くできるわけはありませんよね。したがって、保険ショップで来店者から意向把握をすることを中心の業務内容になっていましたので、ロボット採用に何の抵抗もなかったと思います。

保険ショップの「導入部分での無人化」は非常に興味深い戦術だと思いますね。ＡＩは保険業界にもドンドン活用されてきますし、金融庁もフィンテックを推奨している以上、避けては通れない道だと思います。

さすがに具体的な保険提案をＡＩがするというのは、それで本当にお客様に寄り添って、真剣にお客様のために、お客様と一緒になって、個人のバランスシートを考えて保険提案できるのかと正直疑問を感じていますが、入口導入の業務を担うことは問題ないと思います。

保険ニーズを掘り起こす「入口」として、ロボット対応は今後、拡大すると考えていきます。しかし、一台でそれなりのコストがかかりますので、対処できる代理店は限られてくると思います。そこが最大のネックかもしれません。

4 ビールを飲みながら保険相談!?

保険ニーズを掘り起こすきっかけを新しい切り口で取り組んでいる代理店が大阪にあります。みんなの保険社を運営する有限会社保険社（大阪府堺市、占部訓司社長）は、南海高野線の金剛駅構内に、なんと「バル」を出店されました（**写真④**）。

凄いインパクトですよね。これまで保険ショップを訪れる機会のなかった会社員の方々に、気軽に立ち寄ってほしいという想いで出店されたそうです。

営業時間は、午前10時から午後11時まで。バルなので当たり前と感じるかもしれませんが、保険ショップだと考えると11時までの営業は他では絶対にありません。この営業時間だけでもオンリーワン戦略と言えると思います。

日中はカフェとして機能し、夜は、おでんやおつまみなど10種類以上の食事のほか、ビールも出ます。会社員が仕事帰りにバルに立ち寄って、ビールを飲みながらパンフレットスタンドから保険のパンフレットを取って、同僚同士が保険について語り合うという「場」を作っただけでも素晴らしいことだと思います。

店内にはパンフレットを置くほか、代理店の担当者と保険相談できるテレビ電話を備え

写真④ バルのある保険ショップ

てあるそうです。保険を考える「入口」としては、前述のロボット同様、非常に面白いと思います。

保険を考えるきっかけを何処に作れるかを考え、商業施設に保険ショップが出店しましたが、第1章で述べたようにお客様に飽きられてしまいました。

保険相談のために保険ショップにわざわざ行くという方は決して多いわけではありません。したがって、飲食と保険の組み合わせは「行く頻度」を考えれば効果的だと考えます。以前、福岡・天神に「喫茶店と終活&保険ショップ」のコラボ店がありました。ホテルオオクラと演劇鑑賞できる博多座から直ぐという立地で「博多珈琲」という看板で運営されていました（**写真⑤**）。

近くには流行りのカフェは多くありますが、昔の喫茶店というスタイルのものはありませんでした。博多座に九州全域から演劇鑑賞に来られるお客様の多くはシニアの方で、注文の仕方もわからないという方が多かったため、昔の喫茶店のイメージの博多珈琲には多くの来店がありました。来店すると珈琲豆の焙煎機があり、注文を受けてから焙煎するというスタイルが受けて、近くのビジネスマンの固定客も多くいました。

店内に雑誌等は置いておらず、デジタルサイネージから「ハワイで散骨しませんか」とか、「エンディングノートの作り方」等といった動画が放映され、来店者はそれを観て、

写真⑤ カフェ＆終活・保険ショップ

終活を考えてみたいとか、保険の相談をしたいと思うと、店舗奥に設置された相談ブースに行くというものでした。

現在はなくなりましたが、こうしてターゲット来店客を喫茶店で絞り込み、絞り込んだターゲットに確実に提案したいことを伝えるというスキームとしては画期的なものだったと思います。

振り返ると、カフェ保険ショップは実は10年前に、大阪の「保険市場」が「カフェドクリエ」と組んだショップを神戸等で複数店展開していました。

お客様と保険をつなぐ導線としてカフェを考え、カフェドクリエのＦＣを保険代理店がすることで実現しました。保険募集人が珈琲を作ってお客様に出すというもので、カフェの真ん中に本格的保険ショップがありました。

珈琲を店内で飲む際には、トレイをくれますよね。このトレイのランチョンマットに「保険のいろは」のようなものを作り、珈琲を飲みつつランチョンマットをつい見ていると、ストーリーになっていて、自然と保険ニーズの掘り起こしができるように工夫していました。そして、改めて保険相談のために来店いただくと珈琲無料サービスを実施するというスキームを構築していましたが、実際、多くの来店があり、保険ショップとしては十分成果を上げることができました。ただ、カフェドクリエＦＣ店の運営が面倒で、珈琲の売上が伸びず退店してしまいましたが、トライアルとしては効果があったと思っています。

このように、飲食と保険のコラボショップは過去もありましたが、今回のバルのターゲットは明確に働くビジネスマンであり、ビールを飲みながら保険を考えるという視点は「初」だと思いますので、注目したいと思います。

5 リーズがなくなって保険募集人が消えた!?

リーズというワードをご存じでしょうか。保険業法でいう募集関連行為従事者がウェブ等を中心に保険相談したいという見込み客を発掘し保険募集人につなぐというシステムがありますが、こうして獲得した見込み客をリーズと称しています。

リーズは、保険募集人の立場から見ると自分に代わって「マーケティング」をしてもらっていることになります。当然、見込み客を見つけるには、コストをかけて専門的に募集関連行為従事者が行いますので、見込み客はご本人の意思に関わらず、「一件いくら」という金額をもって売買されることになります。

したがって、保険募集人はお金を出して見込み客を買いさえすれば、訪問する先はいくらでもあり、訪問して半分くらいは保険加入に持っていくことができれば、買ったコストも簡単に回収できるということで、ここ数年間、色々な業者が参入してきました。

しかし、マーケティングをする業者は保険募集人ではないので、当然ですが、保険について募集行為をしてはなりません。ここを、保険業法によって、リーズ売買自体はマーケティングの行為であり問題はないとされましたが、業者が募集行為をしていないかの管理義務は保険代理店、保険会社に負わせるとされたため、管理が１００％完璧にできるわけはないので、怖くて誰もリーズを買わなくなってしまいました。

結果、リーズ業者としては最大手だった保険ブュッフェは、親会社だった保険代理店の「マーケティング事業部」として統合され、代理店自社内専用にリーズを開拓することになりました。

そうなると、リーズ頼りで、自身では市場開拓のできない多くの募集人は、どうなるのか。結果、保険業界から去っていってしまいました。筆者の知る訪問販売系代理店では70人いた募集人が20人しかいなくなりました。同様のことが全国の多くの代理店で起こりました。

多くの保険募集人が退場し、あれほど過剰に存在した保険募集人は、委託型保険募集人の否認による大量退場の一幕が下りたと思ったら、リーズを買いづらくなるという二幕が開き、さらに退場者が続いたことで、募集人が「欠如」するという異常な事態が今、起こっているのです。

保険募集には、ご存じのように「資格」が必要で、資格を有する募集人を常に潤沢に保有できていたからこそ、保険代理店業界は拡大の一途を辿ってきましたが、この当たり前のスキームが成り立たないのです。

最近は、大手生命保険会社が保険代理店をM&Aで買収していますが、代理店が保有している「顧客軒先」の確保とともに「募集人確保」があって積極的に展開していると筆者は考えています。とにかく、人がいないことには何のチャレンジもできませんからね。

今後は、人がいない保険代理店業界として、いかにマーケットを開拓し、保険ニーズを確実に顕在化させていくかの「戦略」が大切になると考えています。

6 銀行窓販の変化

保険代理店の中には、「銀行」もあります。いわゆる、「銀行窓口販売」です。銀行には「保険相談もぜひ」といったポスターが掲示されていたり、テレビCMでも保険を取り扱っていることをアピールされていますよね。

従来は、定年退職者の退職金の資産形成のために保険を活用するという手法で保険販売をしていました。退職金の振込口座を押さえている銀行の強みを活かし、銀行預金ではマイナス金利の中、運用などできませんので、退職金の一部を保険料一括払いで運用利回りのよい金融商品としての保険販売をしていました。銀行窓販でなんと年間5兆円もの保険料を集めていたこともありました。

当然、保険を扱えば代理店手数料が保険会社から銀行に支払われます。この金額が半端でなく大きく、金融庁も見逃せなくなったため、地方銀行に手数料自主開示を促し、ついに一昨年10月から銀行窓販で獲得する手数料については「お客様に開示」することが地方銀行協会として自主的に決められました。

証券業界ではすでに10年以上前から株式の売買において、証券会社に利益がどのくらい発生するかをお客様に通知しています。電話も固定電話のみ使用で全て録音されます。言った言わないのエビデンスを全て取っているのです。他業界ではありえないことですが、金融だと仕方ないところなのでしょうか。

そこで、銀行は保険販売について対極する二つの選択をしました。

一つは「リテールマーケットへの保障系保険販売」です。従来の退職金の資産形成系保険販売一辺倒から、リテールマーケットへの「掛捨て保障」型保険の販売に取り組もうとしています。退職金のうち、平均600万円程度をリスクヘッジの意味もあり資産形成系保険に加入させていたやり方から、リテール向けに月払い数千円の掛捨て保障型保険販売に激変させようとしています。

とは言え、年収の高い、高学歴の行員にリテール層への保険提案は無理です。年収1000万円の地元の優秀な人材が、年収400万円のお客様の声をきちんと聴けるとお思いになりますか。

そこで、大手保険ショップ代理店と提携し、当該社から社員を出向させて運営させる銀行系保険ショップが数多くできる結果となりました。金融庁から駅前立地で15時に閉店する銀行支店は不要と指摘された地銀は、その支店を子会社保険代理店に任せ、ノンバンクの来店型ショップと位置づけ、銀行での販売拡大が疑問視され始めたカードローン等の販売等を担わせようとしています。

そして、行員は何をするかと言うと、「法人契約」にシフトです。しかも、簡単に全額損金ができ、告知枠で簡単に大きな保険料を預けていただけるような商品に特化しての販売です。昨年から大手生保会社は競って、法人向け全額損金商品の投入をしていることがその証明ですね。融資していれば、毎年決算書等を銀行は管理しているわけですから、提案は容易に可能かもしれません。

このように、定年退職者の退職金の資産形成系保険一辺倒で一般の保険代理店とは重なり合わなかったため安穏としていましたが、銀行が本格的にリテール層向け掛捨て保障型保険と法人への節税商品で参入してくると、一般の保険代理店のマーケットと完全に重なり、大いにマーケットは侵されると考えざるを得ません。

しかも、地頭のある知識豊富な行員と一般の保険募集人とでは、情報の「量」と「質」の差は歴然です。マーケットが重なり合わなかった銀行窓販と保険代理店がガップリ四つに組んで戦うことになるわけですので、勝てるよう、資格や教育等を積極的に取り入れ、募集人個々の「質」を高め、総じて保険代理店としての「質」を高めていく必要があるでしょう。

7 保険ショップの変化

保険ショップも大きく変化しています。まずは、保険ショップのM&Aでしょう。

2017年12月末段階での店舗数での保険ショップ・ベスト10を並べて見ましょう（**図表①** 店舗数は2017年12月末段階。各社のホームページから検索したもの）。上位10社のうち、ライフサロンは2015年5月に日本生命に、保険テラスは2016年12月に東海東京証券フィナンシャルホールディングスに、保険の110番は2017年3月に日本生命に買収されました。

保険ほっとラインも2018年1月に住友生命から3割強の出資を受けたため、上位10社のうち、元々の保険代理店が運営している保険ショップは北海道の保険物語だけになってしまいました。

現在、全国に保険ショップは2300店舗強あると言われていますが、保険物語を除く上位10保険ショップで、企業系列の保険ショップは実に1620店舗となり、全体の7割にも達します。

資本が入ることで、特定の保険会社の商品を提示・推奨するには簡単になりますよね。

図表① 保険ショップ一覧

順位	保険ショップ名	会社名	店舗数
1位	ほけんの窓口	ほけんの窓口グループ株式会社	620
2位	保険見直し本舗	株式会社保険見直し本舗	255
3位	保険クリニック	株式会社アイリックコーポーレーション	176
4位	イオン保険ショップ	イオン保険サービス株式会社	120
5位	保険ほっとライン	マイコミュニケーション株式会社	97
6位	保険の110番!!	株式会社保険の110番	90
7位	みつばち保険	みつばち保険グループ	80
8位	ほけん百花	いずみライフパートナーズ株式会社	78
9位	保険テラス	株式会社ETERNAL	72
10位	ライフサロン	株式会社ライフサロン	52
10位	保険物語	有限会社アウトバーン	52

※店舗数は2017年12月末段階。各社のホームページに基づき転載。

住友生命は子会社でメディケア生命を、第一生命は子会社でネオファースト生命をそれぞれ持っていて乗合代理店に商品を卸していますが、ついに日本生命も来店型保険ショップ専用商品等を販売できる子会社を設立すると発表しました。当然、保険会社資本が入った保険ショップでは、これら保険商品のウエイトは高くなると考えます。複数の保険会社の商品から、お客様にマッチした保険を組み合わせて提案することで顧客ニーズに応えてきた保険ショップとして本来の姿を自ら消滅させようとしているわけです。

山口フィナンシャル・グループの子会社保険代理店に買収された保険代理店は、傘下地方銀行とエリアが重なる30店舗で、２０１８年1月から銀行代理業をスタートさせました。15時で閉店する銀行支店に代わって保険ショップが土日関係なく３６５日、住宅ローンの借り換えを中心に業務を行います。

東海東京証券フィナンシャルサービスが買収した保険サロンも今後、証券と融合させたフィナンシャルショップ化が展開されると想定されます。

買収する企業側には当然目的があり、新しい展開が期待されますが、顧客不在のM&Aに保険そのものの新しい展開を期待するのは難しいと思います。

突然、通知が来て、「○月○日からあなたの契約はA代理店からB代理店に移管されます」と言われたら、どうされますか。人と人の関係で保険加入し、契約に携わってくれたスタッフはそのまま保険ショップに残るから安心ですと言われても決してよい気分ではありませんよね。

しかし、保険業法改正で高みを極めることを求められ、自社では無理と判断した保険代理店は売りたいと考え、買いたい企業はたくさんありますので、しばらく保険ショップM&Aバブルは続くと思います。

一方で、大手保険ショップも少し変化しようとしています。

最大手保険ショップ代理店は、1店舗での商圏拡大を図っています。従来の保険ショップ3店舗を閉めて、大型保険ショップ1店舗に集約しようという動きがあります。元来、保険ショップの商圏は半径5㎞くらいを想定していましたが、店舗統合により商圏を半径10㎞以上に拡大しようとしています。1店舗は従来の3ブースから8ブース以上に拡大し、スタッフも10名体制で集中して展開できれば、成果は確実に上がると考えます。テレビCM等を活用しブランド戦略をしてきた効果があればこその展開だと思います。

現在、加速化している「地方銀行と提携した保険ショップ展開」は、この構想下で最適だと思います。「ほけんの窓口@○○銀行」の店舗は全国に展開していて、基本、銀行支店を活用して保険ショップに転用しているため、簡単に展開できます。

2018年1月には、みずほ銀行子会社保険代理店との提携店舗もスタートし、地方銀行からメガバンクでの保険ショップ展開となり、脅威と言わざるを得ません。しかも、みずほ銀行は2017年末に1万9000人の行員の削減を発表しました。この大量の人たちは一体どこに行くのでしょうか。

保険業法、金融庁が求めるフィデューシャリー・デューティー、保険代理店での保険手数料の大幅減収、他業態・他業種による保険代理店事業参入、銀行のリテール・法人戦略と、保険代理店を取り巻く環境は激変しています。

8 インフルエンサーによる保険募集

インフルエンサーという言葉をご存じでしょうか。インフルエンザと同じで、一人の人間の発言など、一挙手一投足が他の多くの人に影響力を及ぼす人のことを言います。通販会社が有名な俳優をインフルエンサーとして使って、商品拡販を企画したりと、最近ではよく耳にするワードとなりました。これを受けて、ファッション各社は販売員などとして、SNS（交流サイト）で発信力のある個人のインフルエンサーの採用を増やしています。

ＳＮＳはインスタグラムで注目や共感を集めるモノや場所が「インスタ映え」と呼ばれるなど、流行やヒット商品の発信地となっています。ファッション各社は消費者が親近感を持ちやすいインフルエンサーを囲い込み、本来の職務のかたわら、ネット上で自社の魅力を拡散させる考えです。

メガネやサングラスの製造販売を行っている株式会社オンデーズは、正社員である店舗の販売員などの採用で、ツイッターかインスタグラムのフォロワー数が１５００人以上なら、１回目の面接を最終面接とする仕組みを取り入れました。採用されたインフルエンサーは主に販売員として働きながら、個人のＳＮＳアカウントで自社の商品や店舗の雰囲気などを発信する役割を担います。会社は本来の職務の月給とは別に、月５万円の手当を支給します。

衣料品等小売の株式会社ＴＯＫＹＯ ＢＡＳＥは、２０１８年入社の新卒採用から、インフルエンサーを優先的に選考しています。ＺＯＺＯＴＯＷＮを運営する株式会社スタートトゥデイが運営する個人の着こなしを発信できるアプリ「ＷＥＡＲ（ウエア）」で１０００人以上か、インスタグラムで２０００人以上のフォロワーがいれば、書類審査や１次面接を免除しています。

アパレル販売などの株式会社ベイクルーズは、2017年春入社の採用から、応募者が撮影した15枚の着こなし写真をもとに選考する「ファッションインフルエンサー・セレクション」と呼ぶ制度を設けました。流行に敏感な人物の採用に役立ったとしています。

総務省によると、2016年の20～30歳代のスマートフォン（スマホ）保有率は9割以上で、50代でも2015年比2割増の63％と急速に増加しています。インターネットがより身近で手軽になる中、SNSを中心とした発信力ある人材の獲得で、効果的な企業のアピールにつなげようとしています。

「保険」という商品をいかに発信してニーズ喚起していくかは、常に保険募集人にとっての永遠の課題であり、そうした中、コールセンターによる保険募集、WEBサイトを使った見込み客の創出、保険ショップの乱立等々が対策として生まれてきました。しかし、これらも衰退し、新しい出会いをいかに創っていくかが模索されています。

保険ショップのスタッフ採用も、こうしたインフルエンサーを採用し、インフルエンサーのSNSからの発信力でニーズ喚起できるようにしていく必要があると思います。〝個から個〟への発信力は侮れません。

ほけんの窓口グループがテレビCMにAKB48の指原莉乃さんを登用したり、アイペット損害保険株式会社が乃木坂46をキャラクターで使ったりなどして、若い著名人からの発信をすでに活用しようと動いています。

インフルエンサーが稼働すれば、保険会社は保険代理店という販売チャネルなしでも保険募集が可能になります。ここに大きな問題が潜んでいるのです。お気軽に、著名芸能人を使ったテレビCMは凄いなと思っていると、保険代理店の存在そのものがなくなるかもしれませんよ。

9 LINEの保険参入

追い打ちをかけるようにLINE株式会社が保険参入するというニュースも飛び込んできました。

対話無料アプリ大手のLINEは、2018年1月、仮想通貨取引や保険、ローンなどの事業を手掛ける金融子会社LINEフィナンシャル（東京都、資本金50億円）を設立したと発表しました。LINEの決済サービスとの連携も含め、スマホのアプリで手軽に金融商品を提供できるようにするそうです。

LINEは、すでに仮想通貨交換業者の登録を金融庁に申請しており、取引所の安全性が問題になっている今、無料通信サービスや「LINE Pay」の実績を強調し、万全のセキュリティ対策で安全な金融サービスを提供すると説明しています。

LINEのアプリを経由してビットコインなどの仮想通貨の売買などのサービスを提供し、さらにローンや保険などの金融商品の販売も手がけることで、インターネットサービスと金融を結び付け、消費者を抱え込む戦術を展開する模様です。

LINEは、第3章で述べる「全く新しい保険の概念」にも当然挑戦してくると考えられ、垣根を超えた保険業界の戦いは、新しいステージで展開していくことが必然となっています。

10 ターゲットを取引先にした販売手法

楽天株式会社が朝日火災海上保険を買収し、元々あった楽天生命と併せて、生損保の保険会社を所有することになりました。ウェブとリアルの融合によって保険にも新しい風を吹かせるということで、楽天は法人に特化した募集をしていた保険代理店を買収し、楽天の仮想市場出展法人に生命保険を販売しようと試みました。ところが、生保の場合、個々の法人によって内容が異なりますので、取引先ごとに提案が異なります。そこで、一律の商品を販売しようとすると損保のほうが簡単ということで、朝日火災が買収されたのかもしれません。

楽天仮想市場出展法人は、間違いなくPL保険や火災保険、賠償責任保険等に加入しています。この保険証券をもとに相見積もりを提案するだけでも相当数の保険が奪取できると思います。自社取引先を顧客に保険販売されては、他の代理店はかないません。

同様の戦術を使ったのが、株式会社USENです。

2018年2月、USEN‐NEXT HOLDINGSがUSEN少額短期保険会社を通じて、自社取引先である飲食業、理美容院、小売店などの店舗向け損害保険を販売すると発表しました。USENはご存じのように業務店向けBGMサービスを提供しており、利用店舗は全国62万件に及びます。ここに「お店のあんしん保険」という商品を、自社で設立した少額短期保険会社に開発させ、当然、損保各社が販売している同様のテナント総合保険より保険料が安い商品として提供していくわけです。

損害保険は業種別に合わせた商品を多く作っていて、テナント総合保険は店舗向けに商品の火災保険や各種賠償責任保険、従業員の傷害保険等々、不必要と思えるような特約満載でセット売りしていますが、USEN少額短期保険の保険はインターネットで申込みが完結できる利便性もあります。商品自体はすでに加入しているもので、お客様が十分理解している商品ですので、世話になっているUSENで加入したいという動機付けは簡単にできるでしょう。

このように、自社クライアントを対象に保険販売をされては、他の代理店の勝ち目は全くありません。保険マーケットはこうして消滅していくのです。

11 損害保険代理店の未来は暗い!?

そもそも、損害保険の代理店に未来はあるのでしょうか?

損害保険代理店が扱う主力商品は自動車保険ですが、ITの進化により、いよいよ自動運転がスタートします。2020年の東京オリンピックの際には、会場から会場への移動は無人バスになると言われています。

人が運転しない自動車が登場すれば、人に付帯している自動車保険は不要となり、自動車の価格にメーカーの製造物責任の保険料がオンされることになります。安全装置も進化し、障害物を察知して自動車は停まったりしていますので、完全自動化のほうが事故は減ると思われます。

ＩＴを駆使して、あらゆるモノが自宅に届き、学校の授業や仕事も自宅でできるようになれば、大雪の中、通学や通勤する必要もなくなり、当然、出かける機会が減るのでケガも減り、傷害保険の需要も減ると考えられます。

このような時代が訪れたとき、損害保険代理店は何を販売して手数料を得るのでしょうか？

そもそも保険会社が「一物二価」で保険を販売していることに問題があります。自動車保険では、各社が通販型自動車保険を持っています。東京海上日動はイーデザイン損保、損保ジャパン日本興亜はそんぽ24とセゾン自動車火災保険（２０１９年7月をめどに合併を発表）、三井住友海上は三井ダイレクトをグループ化しています。「同じ自動車保険なのに、二つの価格で販売している」という極めてレアな展開をしているわけです。当然、ダイレクト通販自動車保険には代理店は絡みませんので、代理店に支払う手数料が不要となり、保険料は安く設定できます。このため「一物二価」になっているのですが、裏を返せば、いつでも販売する保険代理店を不要にすることができるというわけです。

今、損害保険会社は各県に数店の保険代理店を保険会社が指定して、ここに多くの保険代理店を紐付けして、保険会社の支店機能を移そうとしています。この施策はすでに20年前からあり一部で実行してきましたが、なかなかうまくいきませんでした。しかし、今になってようやく本気で取り組もうとしています。それに従わない代理店は手数料率を引き下げ、廃業に追い込めばよいわけで、損保会社が本気でやれば1年もあれば統廃合可能だと思います。

「売る商品が無くなる」「代理店も統廃合の危機に瀕している」と行く手が見えない損保代理店は、勝ち残るどころか生き残っていける感じがしないですよね。

いかがでしょうか。昨今の保険業界、代理店業界を取り巻く環境のいくつかの変化をまとめてみましたが、ご理解いただけたでしょうか。

業界の垣根を超えた新規参入が相次ぎ、従来の保険代理店等も自身で変化をし始めている中、皆さんは勝ち残れるのでしょうか⁉　今まで通りでは無理だと感じていただければ十分です。

何度も言います。当たり前が当たり前でなくなる時代が到来しているのです。

勝ち残るためには、まずは「あなたの考え方を全て捨て去り、あなた自身が変わる」ことです。完全に形態を変える意味で、筆者は〝保険代理店の変態〟と言っています。

目の前に色々な障害が立ちはだかっています。

まだ障害が見えてない方は申し訳ありませんが、茹で蛙として淘汰されることを覚悟してください。変われる方は、大きく〝変態〟するために何をなすべきかを真剣に考えていくことが、直ちに求められているのです。

第3章

大きく変わる保険の概念

保険は一体いつから始まったのか、ご存じですか。保険の資格取得の際に勉強したので知っているという方は多いと思います。

慶応義塾大学を創設した福沢諭吉が、1867年に著書の『西洋旅案内』の中で「災難請合」というワードで紹介したのが最初と言われています。当時は、まだ「保険」のワードはありませんでした。そして、15年後の1881年、慶應義塾の教え子によって日本初の保険会社が作られました。その意味で、保険は「輸入品」の一つなのです。

保険業界で日常使われているリスクという言葉の語源をご存じでしょうか。リスクとは、「絶壁の間を船が行く」というのが語源と言われています。この語源を考えると、まさに保険は海洋民族が生み出したものであり、これを福沢諭吉が輸入し、農耕民族の日本で根差していったのです。

であるならば、混沌とした保険業界を考えるにあたって今の海外の保険はどうなっているかを知ることが、今後の日本の保険業界がどうなるのかを知る手がかりと考えます。本章で見ていくことにしましょう。

1 インシュアテックの進展

金融庁は、平成29事務年度金融行政方針の中で、組織の見直しの一つとしてフィンテック対応の強化を明記し、保険会社には「伝統的な国内保険市場の縮小が予想される中、長寿化やＩＴ技術の進展等の環境変化に適切に対応する必要がある」と示しました。

米国では、米国民の保険に対する不満・不信と投資熱の後押しを受け、より安心・安全な保険を提供すべく、様々な企業が生まれ、様々な商品が開発されています。

米国民の保険に対する不満とは、医療費が高いため医療費が原因で破産申請する人が多く、しかも、その多くが何らかの医療保険に加入しているにも関わらず機能していないというものであり、こうした不満がデジタル技術を活用し、保険業界にイノベーションを起こそうとするインシュアテックを後押しする要因の一つと言われています。

保険に求められるフィンテックによる役割の変化については、次のニュースに見られるように、すでに具体的に動き出しています。

❶システムの刷新・統合等によるスリム化

ＭＳ＆ＡＤインシュアランスグループホールディングスは約３２０億円を投じ、２事業会社の保険金支払いシステムを刷新・統合、これに併せて作業内容や拠点網を見直し、年間約１２０億円のコスト削減を見込むと発表しました。これにより、保険料収入に占める事業費の割合を現在の32・２％から長期的に30％以下に引き下げるとのことです。

明治安田生命保険相互会社は業務自動化や人工知能（ＡＩ）の活用で、現在１万人の内勤職員を、約20年後をめどに１０００人減らす方針を発表し、スリム化で生まれた余力を成長領域に振り向けるとしています。リストラではなく、採用を徐々に抑制して緩やかに規模を縮小、要員が減少しても業務量を維持できるよう業務の自動化を推進し、２０１８年度からは自動化に必要なシステム開発体制の改革に乗り出し、関連人材の育成も強化するとしています。

インシュアテックで事務費削減、スリム化は当然の方向であり、各保険会社が内政化できる部分なので進捗は早いと考えます。

❷保険金支払いにＡＩを活用

東京海上日動火災保険株式会社は、大規模な水害による被害の調査に人工衛星を活用する方針を明らかにしました。衛星から送られてきた画像を人工知能（ＡＩ）で解析し、保険金の支払い対象となる契約者を早期に把握するというもので、２０１８年度中の実用化を目指し、実証実験を進めています。

損害保険会社が地震被害を確認するため、ドローン（小型無人機）を活用する事例はありますが、水害被害の調査に人工衛星とＡＩを使うのは世界的にも珍しい試みとのこと。

現在は水害で家屋などに浸水被害が出た場合、損害保険会社の調査員が現地に足を運び、一軒一軒、被害状況を確認していますが、大規模な水害で調査が必要な対象が多くなると、保険金の支払いまで１か月以上かかる場合もあります。人工衛星を活用することによって、査定に必要な時間を大幅に短縮する効果が期待されています。

❸保険提案そのものにＡＩを活用

日本生命保険相互会社がＡＩを活用して保険の見直しや見直しの必要な顧客を抽出するシステムの導入を検討していると報道されました。顧客の抽出には、米ＩＢＭのワトソンを利用し、年齢や性別、家族構成、契約状況のほか、営業職員とのやり取りの履歴といったデータを分析し、保険の加入や見直しが必要な顧客を割り出し、営業職員の持つタブレット端末に通知し、顧客に説明する際にも最適なパンフレットなども助言するそうです。

日本社の営業活動は、これまで営業職員の個人スキルや管理職のノウハウに依存してきましたが、ＡＩの活用で全職員が顧客の最も必要とする保険の提案ができるようになると報道されていました。コールセンターに寄せられる相談内容をＡＩで分析し、営業活動に有効活用できないかも検討するそうです。

いかがですか。最近のインシュアテックに関係しそうなニュースをピックアップしてみましたが、どれも内政的なものばかりで、ＡＩを活用したコスト削減が主テーマになっています。保険会社には何かするときに必ず内政化しないと気が済まない企業体質があると思います。したがって、どれも「誰でも思いつく、当たり前的発想」にとどまっていますよね。これでは、インシュアテックの速度についていけないと思います。

インシュアテックについて頑張っているいくつかの企業は、どれもベンチャーばかりで、保険会社に色々な提案に行くと必ず「資本出資して子会社化したい」とか「買収したい」といった話になって、日本の保険会社はベンチャーを育てようという気はさらさらないことを実感しています。

これらベンチャー企業の取組みのスピード感は凄くて、どこか保険会社以外の資金注入があれば、他を圧倒できる段階まで来ていると思います。

したがって、旧態依然の保険会社体質を脱却して、インシュアテックについてはベンチャー企業と提携して色々なトライアルをすべきだと考えます。

フィンテックに相次ぐ巨大投資

このように、保険会社がインシュアテックを活用して主に現在の業務そのものの見直しに投資する中、2018年1月には中国の民営保険大手の中国平安保険がフィンテックへの投資を加速するとの報道が流れました。

中国平安保険は、金融や医療・健康分野のスタートアップに投資する10億ドル（約1100億円）の基金を設置し、海外の最新テクノロジーを中国市場に導入すると発表、インターネットと金融を融合させた事業を強化する方向を示しました。

中国平安保険は、「人工知能（AI）などの台頭で、金融・医療分野のイノベーションの大部分は大企業ではなく、新しいアイデアや技術を持つ小さな企業から生まれるようになった」と指摘し、スタートアップとの提携が不可欠と強調しました。創業から間もなくても、新しいアイデアを持つスタートアップへの投資も検討するとし、米ニューヨークの健康関連インキュベーターであるスタートアップ・ヘルスや、英ロンドンを拠点とするフィンテック専門のベンチャーキャピタル、アンテミスと提携しました。

日本の保険会社と違って、わかっていますよね。

中国平安保険は総資産が約6兆元（約104兆円）に上る中国第2位の保険大手。創業時からトップを務める馬明哲董事長の指揮のもと、フィンテックに積極投資してきたことで知られています。保険や融資のデジタルサービスの本人確認に使うため、顔や音声による認証技術を自社で開発、自動車保険ではスマートフォン（スマホ）で事故車の写真を送れば、保険金の支払額をＡＩが査定する仕組みを導入するなど、サービス向上や業務効率化にフィンテックを活用しています。

保険以外でもテクノロジーを活用していて、医療・健康サービスを手掛ける平安好医生は中国国内の医師約6万人と提携。スマホ向けアプリでユーザーの健康相談に応じ、必要であれば最寄りの病院や診療所を予約する仕組みになっていて、病院の待ち時間が長い中国で人気を集め、なんと1億5000万人が登録済みだそうです。

「中国平安保険が他の金融機関にはできない方法でテクノロジーを活用できるのは、企業風土の中心にイノベーションがあるからだ」とトップが語っており、インシュアテックの分野で、中国平安保険は世界のトッププランナーの位置をうかがいはじめているというニュースが流れました。

日本の保険会社が勝てる要素は一つもないと思われませんか。日本の保険会社がインシユアテックの遅れによって中国の保険会社の傘下に入る日も近い感じがしますね。

4 リスクの個別最適化

これまで、保険に新規加入する、あるいは契約を更新する際、個人のライフスタイルまでは十分考慮されていませんでした。

人々は、「車は週末しか運転しない」「月に1回はカメラを持って旅行するのが趣味」「外出時にはパソコンを持ち歩いている」などといった個人のライフスタイルにカスタマイズされた保険を求めています。これが、「リスクの個別最適化」です。

その点に着目したのが、特定のモノを特定の時間だけ補償するようなオンデマンド型保険のトロブ（Trov）であり、走行距離に応じた自動車保険を販売するメトロマイル（Metromile）のような企業なのです。

トロブはスマホアプリ上で簡単な操作で利用でき、またパソコンやカメラなどの電子機器、宝石やペットなどにも保険をかけることができます。保険会社と業務提携することで、従来の保険会社がリーチできなかった若年層へのアプローチや、これまで保険の対象とならなかったモノへの保険適用など、その可能性を広げています。

これって、本来の保険の姿だと思います。画一的ではなく、個々人にパーソナルに対応できてこそ、保険そのものの価値があると考えます。インシュアテックが向かうべき方向は、こうした軸ではないでしょうか。

❺リスク回避による予防

今、私たちがなじみ深い保険といえば、入院や万一の時に備えた医療・死亡保険や自動車保険ですが、これらのほとんどは、リスクが顕在化したあと、資金提供等によって負担軽減を図るものです。ここに、これらのリスクを回避するための予防的行動をとるよう保険契約者に促していくような保険商品が登場してきています。

代表的な米国のオスカーヘルス（Oscar Heaith）は、契約者にリストバンド型のウェアラブルデバイスを無料で配付し、病気予防のためにウォーキングといった運動を促し、契約者の遂行状況（目標歩数の達成状況）に応じて報奨金というインセンティブが支払われるという画期的な保険です。

また、クローバーヘルス（Clover Health）は、高齢者向けの健康管理介入型の保険を販売していて、患者の医療・健診データから独自の技術を用いて疾病リスクを分析、健康維持・増進に役立つアドバイスをしてくれます。

保険に加入することで、自身の健康管理をするという動機付けをするという、保険の概念を覆す考え方だと思います。こうしたインシュアテック本来のスキームが機能し始めれば、日本の保険も大きく変わるのではないでしょうか。保険商品そのものから、保険販売の仕方まで、幅広く変化することは間違いないでしょう。

2 P2P (Peer to Peer)

日本でも猫も杓子もフィンテックと叫び始め、保険について言えば、インシュアテックやインステックに積極的に保険会社が取り組み始めていますが、今の海外の保険市場はP2P（Peer to Peer）の風が吹いていると考えています（図表②）。

「Peer」とは「仲間」のことです。P2P型の保険サービスとは、仲間と仲間をつないで、保険の加入者同士が少人数のグループをつくり、加入者が払う保険料の一部をプールし、少額の保険請求があった場合にはその中から保険金を支払い、プールを超えた分については外部の保険会社から支払うという仕組みで運営されます。

お互いの持ち出しから保険金が支払われるだけではなく、1年間保険の請求がなければ

図表② 最新のInstechの動向

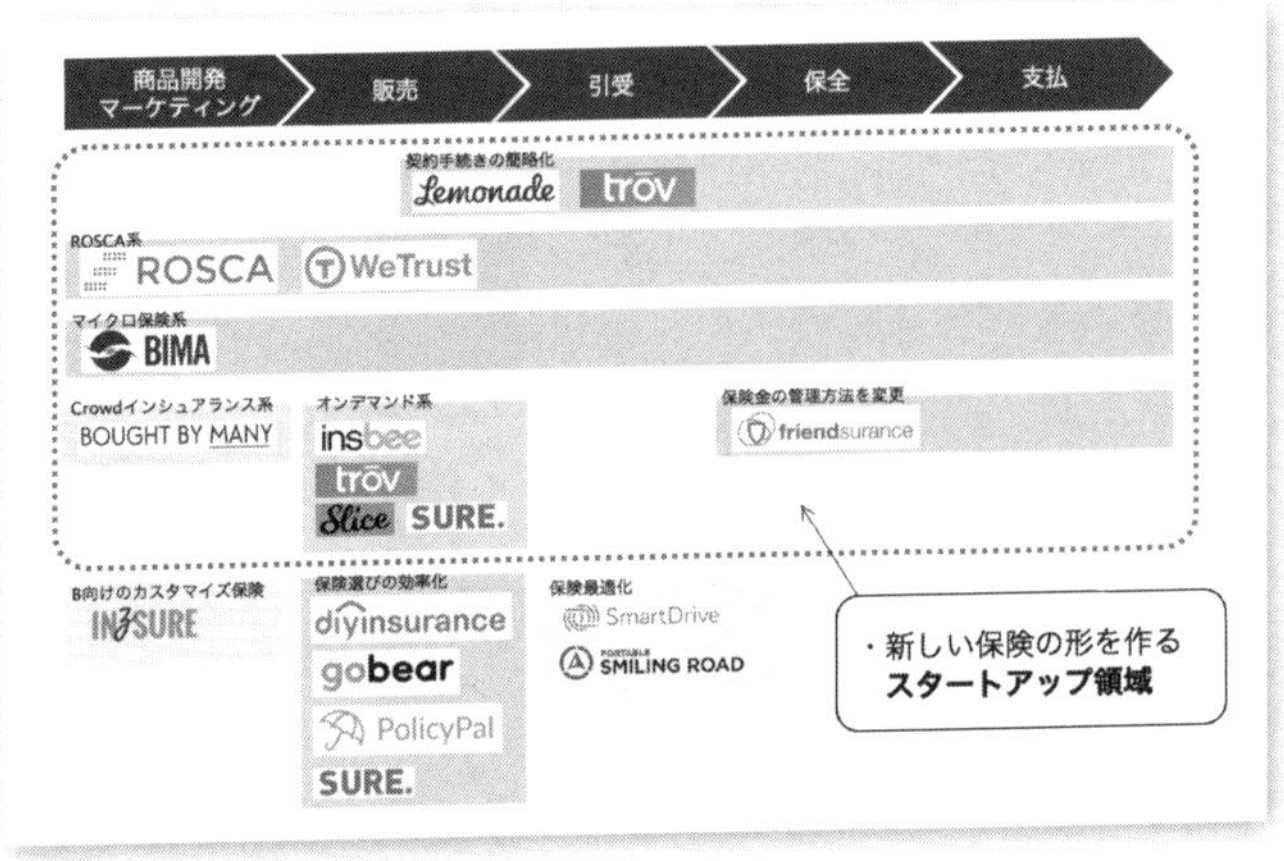

(出所)「Instechの動向」株式会社Brain Cat作成

翌年の保険料がディスカウントされるという仕組みもあります。保険の加入者は保険の請求が起こらないようにお互いに支援しあうインセンティブが働くというわけです。

個人同士の信頼関係により保険料を低減できるこの仕組みは、「ソーシャル・インシュランス」とも呼ばれています。その代表的なものをいくつかご紹介しましょう。

レモネード（Lemonade）・2015年創業

P2P保険の分野でとても注目されている企業が、米国ニューヨークに本拠を置くスタートアップ企業のレモネード（Lemonade）です（**図表③**）。

レモネードの保険は、ただ単に最先端のテクノロジーを活用してユーザーの利便性を向上させただけではなく、保険加入者が支払った保険料のうち、請求がなかった余剰金をチャリティに寄付するというユニークなものです。

レモネードは、米国ニューヨーク州に住む賃貸人や物件オーナーに対し、家財道具に対する保険を提供しますが、ユーザーは使い慣れたメッセージアプリ形式のUIでレモネードのチャットボットとやりとりを行うことで、自身に合った保険プランと料金を簡単に知ることができ、内容が固まれば、そのままアプリから申し込むことで保険への加入が完了します。

図表③ 米国の保険ベンチャー・レモネード

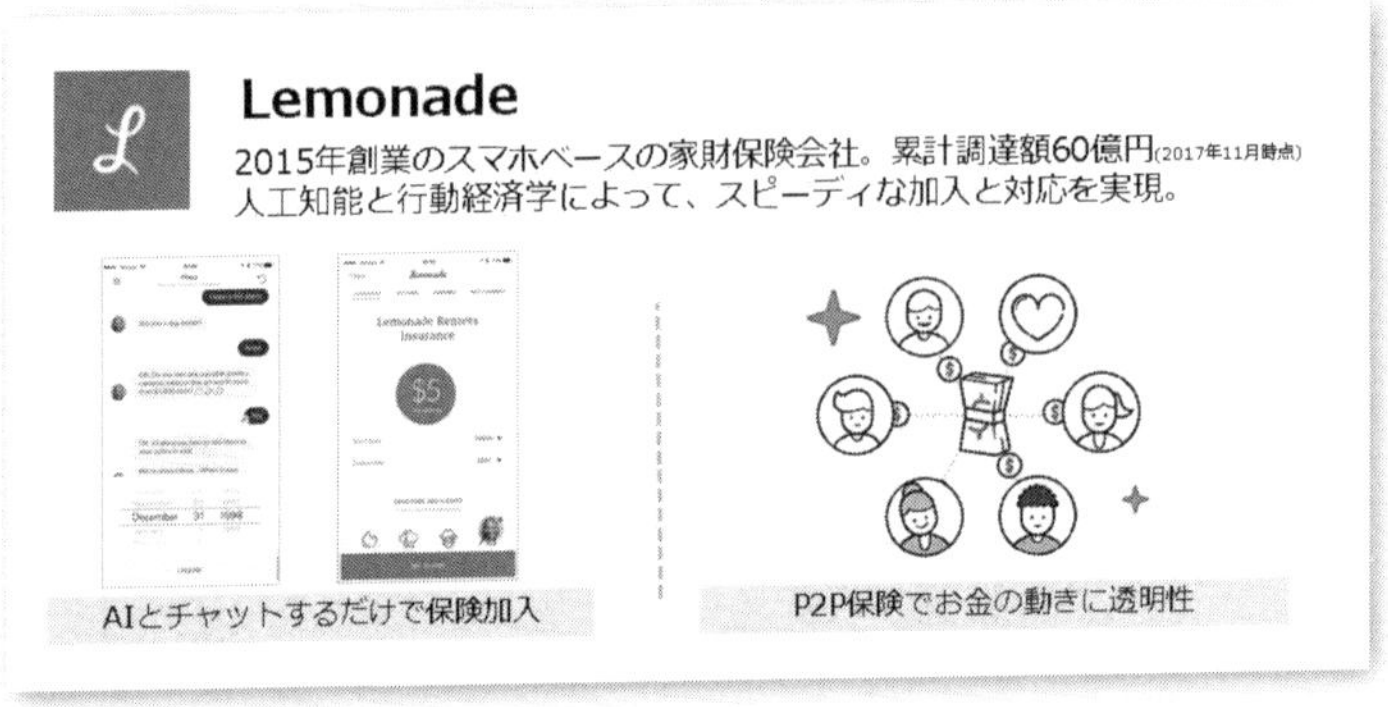

(出所)「Instechの動向」株式会社Brain Cat作成

当然、保険金の受取りも簡単で、家財の破損や盗難など事故が発生すれば、チャットとウェブカメラを通じてレモネードに報告すれば、すぐにオンラインで支払いが完結する仕組みとなっています。

ちなみに、レモネードのサービスの肝は、ユーザーに対して保険の加入時に自分の関心があるコーズ（社会的課題）を選択させる点にあります。

ユーザーは、ニューヨーク州の貧困支援、女性の支援、病児支援など、レモネードが提示するいくつかの選択肢の中から自身が貢献したいテーマを選ぶことで、保険が未請求だった際の保険料をそのテーマに関連するチャリティに寄付できるのです。同じテーマを選択した加入者は、バーチャル上の「仲間」（Peer）となり、同じコーズを支援する同志として、できるかぎり保険の請求が発生しないようにお互いを支援しあうことで、より多くの寄付ができるようになります。まさしくソーシャル・インシュアランスです。

レモネードは未請求分の金額を全てチャリティに寄付するという仕組みのため、保険金の支払いに対する負のインセンティブが生じません。相互扶助という保険本来の目的をテクノロジーによって取り戻し、さらにその利益をコミュニティ全体へと還元していくという同社の保険は、理想とするビジネスモデルと言えるでしょう。

レモネードにソフトバンクグループが出資

ドコモ、ａｕといった携帯電話キャリアが保険に取り組む中、全く保険に興味を示さなかったソフトバンクグループが、なんとレモネードに1億２０００万ドル（約１３５億円）の出資をすると、２０１７年12月に発表されました。

レモネードのシャイ・ウィニガー社長は、「ビッグデータとマシンラーニングが産業界を作り変えるという信念をソフトバンクと共有している」とのコメントを発表しています。スマホを活用した新たなソーシャル・インシュアランスがソフトバンクを通じて生まれる日は、意外に近い感じがします。

3 オンデマンド保険

日本でもオンデマンド保険が２０１７年に産声を上げましたが、代表的なトロブ（Trov）を改めてご紹介しましょう。

トロブ(Trov)・2012年創業

2012年に設立されたトロブ(Trov)は、オンデマンドの保険プラットフォームで、「顧客が大切にしているもの」を補償する保険商品を提供しています(図表④)。そのため、所有物全体ではなく、大切にしているもの(例えば、カメラやテレビなどの電化製品や自転車、サーフボード、ギター、スポーツ用品など)の保険を単品で選択できます。これがスマホアプリ上で操作するだけで分単位の保険を掛けることができるというものです。

スマートフォンアプリとして提供されるトロブでは、とても簡単に保険を掛けることができます。まず、ユーザーが自身の所有物の情報を入力すると、トロブが自動的にマーケットデータとユーザーの情報に基づいて保険料を算出し、画面をスワイプすれば手続きは完了となります。短期間の保険にも対応していて、保険期間が数日間であっても構いません。保険金の請求もアプリ内で完結し、アプリに搭載されたチャットボットに話しかけるだけというものです。

トロブはもともと、中古品の売却価格相場を把握し管理することができるアプリとして提供されていて、100万点以上のアイテムがアプリに登録されていると言われています。こうして集められた膨大な製品の価格データは、保険契約サービスを構築するための強力なツールとなり、その後、トロブは保険契約アプリへと進化したのです。

図表④ トロブ(Trov)

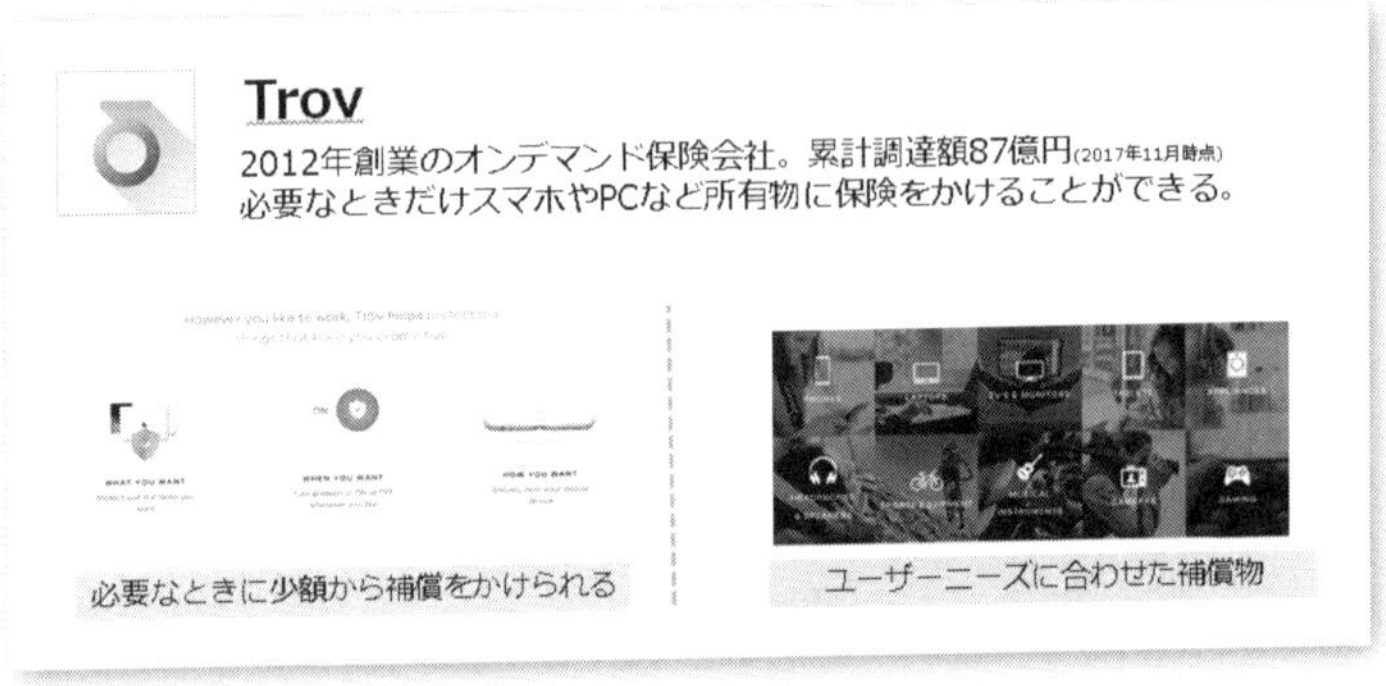

(出所)「Instechの動向」株式会社Brain Cat作成

トロブのメインターゲットは、ミレニアル世代と呼ばれる2000年代生まれの10代後半から30代前半の若者で、スマホ経由で簡単に保険を掛けられる仕組みを提供することで、この世代の取り込みを狙っています。

従来の保険サービスでは、例えば、自転車だけに、しかも短期間だけ保険を掛けるサービスはありませんでした。家にある所有物に保険を掛けるためには、住宅総合保険などの大型の保険に契約する必要がありました。

しかし、保険の適用範囲など、従来型の保険には契約内容を把握しづらい部分が多く、保険金の支払いも簡単ではありませんでした。そのような複雑さから、従来型の保険サービスからの若者離れが増加していたという背景があるそうです。

このあたりは、日本でも同様の傾向にあることは間違いありません。トロブCEOのスコット・ウォルチェック氏は、「オンデマンドは、インターネットに常に触れている若者世代が求めるサービスの形です。私たちは、保険の価格、契約手続き、そして保険金の請求手続きに至るまで、これまでの保険のあり方を再構築して、真のオンデマンド体験を提供します」と語っています。

ちなみに、トロブは、保険会社の仲介業者として機能しますので、トロブ自体に保険契約に対して負担するリスクは存在しません。オーストラリアを例にすれば、保険契約のリスクを持つのは保険大手のサンコープ（Suncorp）であり、同様にそれに対するリターンも保険会社のものとなります。

つまり、従来の保険会社にとってトロブとの提携は、これまで手の届かなかった若者世代のマーケットを取り込む手段を持つことを意味するわけです。

サンコープ・グループのＣＥＯであるマイケル・キャメロン氏は「ミレニアル世代と呼ばれる若者層は、フレキシブルで、手の届きやすい、新しい金融サービス・プラットフォームを探し求めています。トロブは、そういった新しく革新的な保険サービスの素晴らしい例です。トロブとのパートナーシップと、彼らと新しい機会を共に築けることを嬉しく思います」と語っています。

損害保険ジャパン日本興亜がトロブに出資

２０１７年６月、損害保険ジャパン日本興亜株式会社は、トロブへの出資を発表しました。日本でのサービス開始には金融庁の承認などが必要なため、提供開始時期は未定ですが、トロブは必要な時だけ手軽に保険に入れる画期的なサービスであり、今後の動向に注目したいと思います。

日本でもオンデマンド保険がスタート

日本でもオンデマンド保険が2017年8月にスタートしました。保証書のクラウド管理アプリを運営している株式会社ワランティ（Warrantee）が東京海上日動火災保険と提携して、オンデマンド保険アプリ「Warantee Now」を提供しています。

保険を掛けたい家電の製品名などをアプリに登録し、故障していないことを示す5秒の動画を送信すると、保険の申込みが完了。保険は1日単位で、製品ごとの保険料は定価に基づいて算定されます。例えば、炊飯器やテレビなどの生活家電は19円から、持ち歩くカメラやパソコンなどは39円からという超安価な設定です。

例えば、友人にカメラを貸したり、民泊施設内にパソコンを設置したりといった場合、貸し借りの間だけ保険を掛けることができ、しかも、貸し手と借り手、どちらが掛けることも可能です。アプリから申し込むだけなので、急に貸す（借りる）場合も利用できるという優れものです。

ワランティによると、メーカー保証が切れた中古品の販売店などで、顧客とのトラブル回避のために短期間の保証を付けたいニーズもあるそうです。

保険を掛けた製品が故障した場合は、壊れた箇所がわかるようにアプリから写真を撮って送信すると、自動的にメーカーに連絡し、修理の手続きが始まります。修理は無料で、代替品との交換になるケースもあるとのこと。普通に使っていて壊れた時だけでなく、うっかり落としたケースも認められますが、紛失や盗難には当面対応しないそうです。対象製品はＡＶ機器のほか、冷蔵庫や洗濯機、炊飯器などで10年以内に発売された30種約10万点。スマホはサービス開始時は未対応となり、自転車も検討しているとのことです。

保険を付けたいモノに、付けたい時に気軽に加入できるオンデマンド保険。必要な一日だけ保険加入できるという「ワンディ」の自動車保険やゴルファー保険もスマホから気軽に加入できることで定着した流れを受け、「モノ保険」はオンデマンド保険の方向に動いています。

4 保険販売のスキームを変える保険

ボートバイメニー（Bought By Many）・2011年創業

通常であれば、保険会社が作った保険商品をお客様が選択しますが、ボートバイメニー（Bought By Many）では、お客様自身がほしい保険商品を提案し、それに賛同者が十分に集まるとボートバイメニーが保険会社に交渉するという従来の保険の販売方法をひっくり返したようなサービスを提供しています。

例えば、パグ犬は他の犬と比べて風邪をひきやすく高価であることから盗難に遭う可能性が高いということで、通常のペット保険では担保されない、あるいは割高な割増保険料が必要とされています。そこで、パグ犬向けの保険商品を求めるユーザーがボートバイメニーで集まり、団体として保険会社と交渉することで「パグ犬保険」が提供されるようになったそうです。

こうした珍しいペット向けの保険のほかに、シングルマザー向けの所得補償保険や糖尿病患者向けの旅行保険や子供向けラグビーのスポーツ保険、70歳以上の高齢者向け海外旅行保険等々、ニッチ領域をグループ化することで、一定の需要プールを作り出し、団体交渉することで、保険会社と被保険者でＷＩＮ‐ＷＩＮの関係を築いています。

日本でもニッチマーケットとしてあり得るものばかりだと思いませんか。

以前、イギリスで宇宙人の存在を信じるカルト集団が、万一、宇宙人に誘拐された場合に備えて宇宙人誘拐保険を作ったという話がありますが、ニッチな集団が集まれば、こうしたことは日本でも少額短期保険を活用すれば不可能ではないのです。ただし、金融庁の認可が必要ですので、突拍子のないものは無理としても、弱者を保護できるような国策にかなったものであれば可能性は高いと思われます。

保険会社がマーケットを考慮してマーケットに合致した保険商品を創り、マーケットに卸していくという形から、ほしい商品をマーケットが考えて創り、それをマーケット自体で売るという潮流があり、ドンドン大きな流れになろうとしているのです。こうした潮流には少額短期保険業者を活用できますので、２００６年に保険業法改正で誕生した少額短期保険業界も本格的に注目される時が訪れたのではないでしょうか。

5 全く新しい概念によるスマホの保険が登場

新しい概念による保険のスキームが、２０１８年2月からスタートしています。補償の対象はスマホです。スマホの画面割れ、水没、破損等の修理費用を補償する保険です。大手キャリアで加入しているという方も多いと思われますが、この保険は仕組みが過去に全くなかったスキームで成り立っている点が特徴で、Ｐ２Ｐの原点に近いスキームで大いに注目したいと思います。ポイントは、次の３つです。

❶申込みがシンプル

スマホアプリで完結し、シンプルで簡単な手順でき、わずか90秒で申込みが完了します。

❷保険料は月々最低200円台から加入可能

万一の際のお支払い上限を自在に設定でき、アプリで支払上限額と自己負担額を選択することで月額保険料が算出されます。

❸リスクも割引も友達とシェア

安全に使っている人ほど、更新時に保険料割引が受けられます。スマホを落としたり、投げるなどの破損につながるような危険な使い方をしていないか等の安全性を考慮して、AIが安全スコアを算出し、安全スコアによって更新時、保険料の割引額が決定します。スマホを安全に使えば使うほど安全スコアが高くなり、スマホを落としたことがないという方は安全スコアが高くなることが期待されます。

さらに、友達とみんなで入る保険の仕組みをアプリで実現し、友達同士で安全に使うことを心掛けることで、安くあるべき人に安い保険料を提供するというシステムになります。友達と安全スコアを比較でき、保険料の一定割合を友達プールに積み立てでき、スマホアプリでチェックできる仕組みになるようです。

つながった「友達の数は最大9名」で、互いに牽制して保険料を高くしている原因の保険料詐欺等の不正行為を減らし、安くあるべき人に安い保険料を提供するとしています。

このシステムを世に出すのは、株式会社justInCase（東京都千代田区、畑加寿也CEO）。同社のホームページを見ると、「私たちの使命」として、次のように書かれています。「私たちがこれからやろうとしているのは、従来とは全く異なる保険の提供。アプリで必要な補償を必要なときに気軽に選べる世界の実現を目指します。保険の仕組みをオープンにして、より身近なツールにしようとInsurTechの世界で挑戦しています。」

素晴らしいですよね。しかも、この保険の保険期間は1か月で、1か月ごとに更新されるという斬新なもので、毎月の更新時に保険料に割引が適用されます。しかも、割引率は、安全スコアと友達プールの状態に応じて決定されます。

「安全スコア」は、ユーザーのスマホの扱い方に基づき、同社のAIが算出し、50点を平均点として、安全スコアが高いほど更新時保険料割引が高くなります。

「友達プール」は、友達や家族を自分の友達プールに登録でき、友達プール登録にあたっては「友達との相互承認が必要」とされます。まさにP2Pですね。

友達プールに登録された友達の数が多いほど、更新時の保険料割引は大きくなり、逆に、保険期間中に、契約者本人もしくは友達プールの友達が保険金を請求した場合には更新時の保険料割引はゼロとなります。保険期間が1か月なので、常に最新状況によって割引が上下することで、AIを活用してビッグデータが入手できますので、非常に楽しみなスキームです。詳細はわかりませんが、非常に面白い試みであることに間違いありません。

6 Gojo

ROSCA

マイクロファイナンスとも呼ばれ、定期的にお金を拠出し、プールされたお金を定期的にもらうシステムで、日本でも古くは頼母子講あるいは無尽と呼ばれた私的制度がありました。英語での一般名称は、ROSCA（Rotating savings and credit association）です（**図表⑤**）。この仕組みは沖縄では模合（もあい）と呼ばれていて、今も役立っています。

例えば、Aさんはまとまったお金が入用となり、模合の発起人となり会合を開きます。

図表⑤ ROSCA

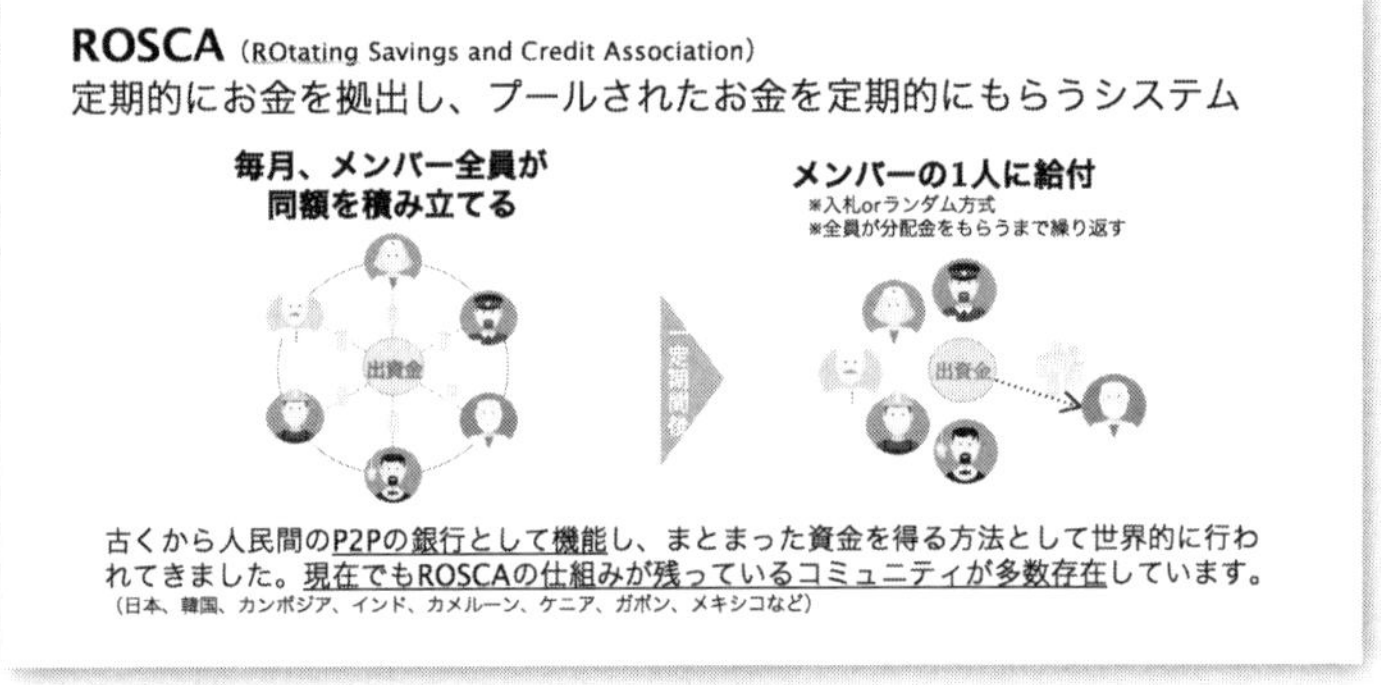

(出所)「Instechの動向」株式会社Brain Cat作成

会合には10人が集まったとして、1人につき1万円を出資するというルールとしましょう。10人から1万円ずつなので、10万円が資金となります。この資金をAさんが受け取るとします。あとはAさんが参加者に出資金を返せばよいと思われますが、1か月後に次の会合が開催され、前回と同様に1人が1万円ずつ出資し、10万円の資金を今度はBさんが受け取るのです。3回目の会合でも同様に次はCさんが10万円を受け取り、この会合を10回続けるというものです。結果、参加者全員が資金を受け取ることができます。

筆者も沖縄に住んでいたことがありますが、誘われるままに複数の模合に参加して毎月数回の会合に参加していました。

人はこうした制度を作り上げ、銀行がなかった時代には頼母子講を活用していたのです。これは万一の場合にお金が必要であり、これを準備するために加入している保険と近いものがあると思います。保険は輸入品で海洋民族が考えた仕組みであるのに対し、農耕民族である日本では頼母子講や無尽が保険のような仕組みを支えていたのだと思います。

頼母子講や無尽というシステムは、返済能力が低い借り手が集まり、必要な小口資金を融通し合う相互扶助システムの原点です。頼母子講は鎌倉時代頃から存在していると言われ、マイクロファイナンスが登場するずっと昔から、特に貧困層の人たちがお互いに助け合う仕組みとして使われていたものです。

しかも、この仕組みは一度受け取った者は次からは支払うだけで、途中から来なくなった場合は受領権を喪失するといった暗黙の私的な決まり事があって、特殊なクローズドのコミュニティを形成しています。このあたりが大変面白いと思います。

しかし、経済発展の過程で、現在ではその形を金融機関等々に代替または発展するに至り、沖縄の模合を除いて、今日では一般では見られなくなりました。今は第二地銀となった銀行は、もともと相互銀行であり、今でも日本生命等は相互会社であることを考えれば、理解いただけると思います。

株式会社ブレインキャットのGo-jo

こうした中、この「互助」をベースとした取組みをしようとしているベンチャー企業があります。株式会社BrainCat（東京都中央区、中村貴一社長）です。メルカリファンドから出資を受けた企業としても有名です。

当該社のホームページを見ると、次のようなことが書かれています。

「Brainは〈指導者・先導者・統率者〉を意味し、Catは〈自由〉を表します。私たちは、人間それぞれ異なった経験を持っており、各々が理想とする世界を持っていると考えます。BrainCatは、一人ひとりがその時々で思い描く世界を率先して実現し、世の中を暮らしやすくしていけるような社会を作っていくとともに、そうした人材を多数輩出していきます。」

自由な発想と驚嘆するほどのスピード力で、日々進化している会社になります。そして、当該社が推し進めているのが、Ｇｏｊｏです。日本語にすると「互助」になりますね。

前述のＲＯＳＣＡにヒントを得て、Ｇｏｊｏ構想を構築してきましたが、日々進化しているので、Ｇｏｊｏが何なのかを明確に示せませんが、イメージとしては次のようなものです。

中村貴一社長いわく「共感型コミュニティのプラットホームを創りたい」とのこと。例えば、プロ野球の球団にはファンクラブ組織がありますが、これは球団サイドが運営していて、観戦チケットが取りやすくなるとか、オリジナルグッズがもらえるなどの特典目当てで加入される方が多いと思います。言わば、受け身のファンクラブというのでしょうか。

一方、私設応援団も数多く存在しています。これは球団サイドで誕生したものではなく、ファン自身が同じ思いに共感した仲間で創り上げたオリジナルな応援団です。「〇〇選手だけを応援する」といったものも多く、グループとしてのモチベーションは高い一方、入会条件や応援団の運営方法には仲間たちが考えたルールがあって、これを遵守することで、私設応援団の価値を高めていると思います。

プロ野球を観戦したあと、私設応援団の人たちが自主的にゴミを拾っていたりする姿を見かけますが、これも彼らの決めたルールなのだと思います。

これこそが共感型コミュニティだと中村貴一社長はおっしゃっています。言い方が悪いですが、「クローズドの村」的存在になると思います。当然、村には掟があります。この掟の中に保険的要素があれば、コミュニティとして守る必要があります。

2017年、広島東洋カープの赤松真人選手は突然の胃がん宣告を受け戦列を離れました。こうした際に、私設応援団として治療費の負担支援をしたいという思いはあると思います。また、同じ広島東洋カープの鈴木誠也選手がケガをして戦列を離れましたが、せめて私設応援団としてお見舞いの花を届けようとしたいと思います。しかし、個々人には限界がありますので、私設応援団の会員が出資したファンドを作っておいて、ここからこうした費用が拠出されればどうでしょうか。こうした共感型コミュニティのプラットホームは、そのまま相互扶助、「互助」というシステムになるとは思われませんか。コミュニティだからこそできる仕組みだと思います。

共感型コミュニティ＝クローズドの村＝村の掟＝互助、という連想は無理があるかもしれませんが、ネット上でつながっている不思議なコミュニテイを抱える今の時代に、新しい挑戦であることに間違いはありません。

保険となると行政の縛りがあり動きづらいですし、共済だと不安定だと考えます。この保険と共済の間に存在する共感型コミュニティのプラットホームは、保険というカテゴリーではなくＩＴのカテゴリーに近いとは思いますが、それゆえに、保険の原点に回帰できる唯一の手段ではないでしょうか。

２０１８年春には、Ｇｏｊｏとしての機能がスタートすると聞いていますので、注目してみていきたいと思います。

7 オリジナル保険の活用

世界には「面白保険」がたくさんあることをご存じでしょうか。色々なサイトを検索しいくつかまとめてみました。それなりに興味深い内容ですので、ご紹介したいと思います。

1 胸毛保険

偶然のアクシデントにより胸毛がなくなってしまった場合、最高１００万ポンドまで支払うという保険を、イギリス最大手の保険組織ロイズが引き受けたというものです。日本では考えられませんが、確かに海外の映画俳優の多くは胸毛が凄くてセックスアピールになるのだと思います。

病気で毛が抜けた場合、自然と抜け落ちてしまった場合、さらには核汚染、テロ、戦争、侵略等による事故以外は保険金の支払対象となるそうです。ただし、胸毛の85％を損失している必要があり、ロイズの調査員2名による確認作業をもって認定されれば、保険金支払いとなるとのこと。

保険料がいくらなのか、加入時の審査はどうするのか、加入時に胸毛の写真を撮影して立証が必要なのか等々、疑問や質問は多々ありますが、ロイズであれば引受可能な保険ではあります。

❷学業成績で異なる自動車保険料

学業成績がオールB以上だと小型車の自動車保険料は月に90ドル程度で済みますが、Cなどの評価があると保険料は月110ドル以上に跳ね上がるというもので、米・カルフォルニア州での話です。

「学校での成績が悪ければ遊びに行く時間が多くなり、それだけ自動車で事故を起こす可能性が高くなるから」というのが根拠のようです。確かに理屈は合っていますね。

3サッカーで母国チームが負けた際のトラウマ保険

イギリス発の保険で、イングランド代表がワールドカップ一次リーグ予選で負けて予選落ちしてしまい、サポーターにトラウマが残った場合に保険金が支払われるという保険です。イングランド代表が一次リーグで予選敗退した場合、専門家5人に想定外の敗退かどうかを審査してもらい、そのうえで被保険者がトラウマで苦しんだという医学的裏付けが必要だそうです。予選敗退が原因で、うつ症状になった場合等を想定しているようですね。日本でも芸能人が結婚して○○ロスといった言葉が生まれていますので、こんな保険があったら面白いと思います。

4宇宙人誘拐保険

宇宙人に誘拐された、宇宙人に食べられた、宇宙人に妊娠させられた場合等々の際に保険金が支払われるというもので、イギリスの保険代理店が販売していました。この代理店は他にも狼男に襲われた時やドラキュラに噛まれた時の傷害保険なども扱っているそうですが、差別化の極みですね。

いかがでしょうか。真偽のほどは別として、話のネタとしては十分使える内容だと思います。ここまでは無理にしても、日本でもオリジナル保険を創ることは可能です。保険という分野にどっぷり浸かるとすると少額短期保険に、999人までの小規模で構成できるのであれば共済、その真ん中はP2Pに任せたいと思いますが、金融庁の認可を取得して保険にすることで保険業界に挑戦する意味でも、オリジナル保険にぜひチャレンジしていただければと思います。

5 少額短期保険業者

日本には、少額短期保険業者が97社存在します（2018年4月現在、少額短期保険協会所属会社）。

保障（生命保険では保障で、損害保険では補償という言葉を使いますが、ここでは保障に一本化して使用します）金額が、生命保険で死亡保険金として300万円、医療保険金として80万円、損害保険で1000万円と上限が決まっているので「少額」、保険期間は生命保険で1年、損害保険で2年と短期でしか設定できない保険商品となっているため少額短期保険と称されています。

保険事業者は地域の財務局に登録する必要があり、年間保険料収入が50億円以下に制限されるなど、保険業法に基づく規制も適用されます。

保険料は掛捨て型のみで、生命保険・損害保険のどちらでも取り扱うことができる点も特徴の一つです。ただし、保険事業者が破綻した際に契約者を保護する公的なセーフティーネットはありません。

ニッチなマーケットにニッチな保険でいうと特約を主契約にしたような商品を販売しているので、「ミニ保険」とも称されています。

痴漢冤罪保険

少額短期保険で、最近少しメディアに取り上げられ注目されたのは、ジャパン少額短期保険株式会社の痴漢冤罪保険（痴漢冤罪ヘルプコール付き弁護士費用保険）でしょう。契約者が痴漢の疑いをかけられた際、スマートフォンなどを通じた緊急通報で近くの提携弁護士が駆けつけ、事件発生後48時間以内の弁護士費用を全額補償するという保険です。

筆者は、若干、モラルリスク的匂いを感じてしまいますが、中央大学経済学部での講義の際、学生たちに意見を聞いたところ、満員電車の中、何の疑いをかけられるかわからないので、通学定期代の一部という認識で保険加入したいとの声が多くあり、保険の価値はあると再認識ました。

ジャパン少額短期保険は当該商品を巧みに活用し、飲み会の場のほか、帰りの電車内や駅での口論、けんかや痴漢などと間違えられたとき、電話一本で弁護士が助けてくれ、場合によっては駆けつけもする「忘年会トラブル保険」を期間限定で販売していました。ペットネームを変えつつ、同じ弁護士駆けつけサービスのある保険を販売できるフレキシブルな対応も少額短期保険業者ならではと言えるでしょう。

このように、色々な場面で「もしかして、こんなことがあったら」ということはあると思います。こうした些細な「ハッとしたこと」に対処できる保険が、しかも安価であれば加入したいと思われますよね。ここに少額短期保険の勝機があると思います。

少額短期保険になるニッチマーケットは、まだまだあると思います。例えば、「リアル脱出ゲーム」が流行っています。知らない人たちがチームを作ってヒントを探しつつ制限時間内にある部屋から脱出するという謎解きをメインに据えた参加型イベントですが、今では街興しにも役立つことから大勢のファンがいます。

ここに「リアル脱出ゲーム」界における神様的存在の方がいて、この方をインフルエンサーとして、オリジナル保険を開発し発信できれば、このコミュニティのファンは必ず反応すると思います。

フックとしての役割が高まる少額短期保険

オリジナル保険を考え、販売できるとなると、他の保険代理店では販売できませんので、差別化につながります。サービス等での差別化でなく商品そのものでの差別化は大きなインパクトとなるでしょう。

地方創生の施策の一つとしてふるさと納税がありますが、「ふるさと保険」を創って町おこしにつながれば、地方銀行や信金、信組などの地域金融機関がチャレンジしてみる価値はありそうです。

地方においては、「こんな地元特有の保険があったらいいな!」といったイベントを自治体や地元メディアを絡めてできれば、保険が完成するまでの間も盛り上がりを見せ、保険を通じて社会全体のリスクを把握することもできると考えます。「保険を活用して地方を元気にする」ことができるのです。

8 保険販売チャネルの変化

保険の概念自体が変化するとともに、お客様が保険と接する場所も変化しようとしています。

昔は職場に生保レディが毎日のように訪れて、保険の提案をしていました。機関投資家として生保各社は企業の株式を所有していますので、当たり前のように職場に来て、席に座って社員が帰社するのを待ち構えていました。自社内にも保険代理店はありますが、自社内代理店では構成員契約として、自社社員の第一分野の保険取得ができない仕組みになっていますので、こうした企業担当の生保レディで死亡保険金額の大きな生命保険に加入していたものです。

彼女たちが個人情報厳格化に伴い、企業への出入りが禁止された頃から、前述の保険ショップが登場しました。ご成約いただいたお客様からさらに顧客を紹介してもらってピンポイントで拡大する訪問販売系代理店も、募集人の数＝保険手数料が高いというロジックに合わせて1000人単位の代理店へと巨大化し、ウェブで保険加入見込み客を見つけ出すという業者から見込み客リストを大量購入して大量の募集人が契約に走り回るというスキームが確立しました。

どれも「新規のお客様と保険の接点をいかに創出するか」を考え、展開した結果だと思いますが、同じスタイルが十年続くことはありません。保険販売チャネルは常に変化します。その特徴的な動きをもう一度整理してみましょう。

株式会社NTTドコモ

携帯電話のドコモショップ内に保険ショップがある店舗は、東京を中心とした首都圏に32店舗あります（2017年12月末現在）。

筆者は、数年に一度の割合で機種変更などでドコモショップに行きますが、待ち時間の長さは半端ではありません。しかも、事務的な作業として不必要なアプリの導入を勧められるなど、スタッフの対応の質の低さはサービス業としては考えられない水準のお店も体験しました。

接客において顧客満足度の極めて低い携帯電話ショップに、なんと、おもてなしで顧客から支持を得ている保険ショップを、こともあろうか出店しています。待ち時間が長いので時間つぶしに保険相談される方もあるとして出店されたのだと思いますが、顧客との視点のズレは甚だしいものがあると思います。

ドコモは保険ショップ出店にあたって、携帯電話ユーザーである若年層を対象に保険加入を推進し、長期契約の保険を軸にドコモ以外のキャリアに移行することを防ぎたいと新聞発表していましたが、そのわりに、保険ショップのスタッフは年齢の高い方が座っていて、若者が相談しづらい雰囲気を醸し出しています。

若者をターゲットにするのであれば、対応するスタッフも若い人を配置して、同じ目線で保険の必要性を一緒に考えるというコンセプトであれば受け入れられる可能性もあるのではないでしょうか。

最初の構想の通り2000店舗出店できると、保険ショップ最大手を追い抜くことができます。日本で一番高い山は皆さんご存じですが、二番目に高い山を知る方は少ないと思います。出店数で保険ショップ最大手になれば、それだけで脅威になりますよね。

しかも、スマホはますます生活に深く関わってきていて、スマホなしでは生活ができない時代がすでにやってきています。顧客と接する場として、携帯電話ショップは欠かせない場所になることは間違いないでしょう。

スマホを扱うショップゆえに、インシュアテックを組み込めば、他を圧倒する保険代理店になる可能性は高く、そのトライアルと位置付けて展開しているとすれば、恐ろしい存在になるかもしれません。

株式会社ニトリ

家具販売の株式会社ニトリも全国展開を拡大していますが、家具を購入に来られたお客様に保険も販売するということで、きちんとした造作で保険ショップが登場しています。

小学校入学で学習机を購入に来店され、大学一年生や社会人一年生が初めての一人暮らしに向け家具の購入で来店され、単身赴任族が足りない家具を購入に来店され、子どもが生まれるので乳幼児のベッド等を購入に来店されるといったように、ライフサイクルの節目の時に家具って購入しますよね。

そうしたタイミングだと保険ニーズも顕在化していて保険相談されるだろうとの想定での出店です。間違いなく、タイミングはバッチリなので、初回は話を展開しやすく、スタッフの感触もよいと思われます。

問題は2訪目以降をどうするかです。家具を購入するため、わざわざニトリに来たが、二度目もわざわざ来店いただけるのかです。日々の食材を買いに行く日常使いの商業施設と比べて、家具を買う頻度は著しく低く、次回面談アポが取りづらいことが難点かもしれません。

初回面談で盛り上がったニーズも、2週間も間隔が空けば冷めてしまいます。「次回アポが取れない＝初回面談もムダ」という方程式になってしまいます。

であるならば、初回保険相談で決められる商品を絞って単品売りに徹するか、フルコンサルであれば、店舗で意向把握して、訪問販売部隊と連携して次訪はお客様のご自宅に伺うというスキームにするしか手はないと思います。そう考えると、きちんとした造作設置とスタッフ常設はコストパフォーマンスが合わないかもしれません。

とは言え、ライフステージが変わって家具を買いに来られたお客様と接する場として、ニトリの展開は非常に面白いと思います。

家具それぞれにマッチした保険を創りインターネットで加入できるようにすれば、多くの成約が可能でしょう。

株式会社ヤマダ電機

東証一部上場の株式会社ニュートン・フィナンシャル・コンサルティングと株式会社ヤマダ電機が「顧客情報提供に関する業務提携契約を締結した」と、２０１８年1月発表されました。

ニュートン・フィナンシャル・コンサルティングは業務提携の理由を次のように語っています。

「保険代理店としてお客様のあらゆるニーズに対応するため、テレマーケティング、保険ショップ、訪問販売、ウェブすべての販売チャネルを構築し、保険の提案を行っており、保険の加入は就職、結婚、出産など生活環境の変化をきっかけとされるお客様が多く、適切なタイミングで保険の提案を行うため、お客様との接点拡充を図ってまいりました。ヤマダ電機は、日本最大の家電専門店として家電販売を基盤とした新たな事業領域の開拓と構造改革の推進を積極的に行っており、ヤマダ電機のリアル店舗のプラットホームを活用した事業モデル構築に取り組んでおります。そこで当社はヤマダ電機との業務提携によって、ヤマダ電機店舗内に家計相談予約ブースを展開し、家電購入に来店されるお客様へ保険提案のアプローチを行ってまいります。ヤマダ電機へ来店されるお客様には、生活環境の変化をきっかけに家電購入を行うお客様も多く、保険の提案は親和性が高く、両社の企業価値向上が図れるものと考えております。」

ポイントは、家計相談予約ブースとしてのショップ展開ではないでしょうか。その場で保険相談をするのではなく、あくまで保険相談のアポを取る場としての展開になります。

ヤマダ電機はすでに「保険のブュッフェ」の相談アポ取りブースを首都圏を中心に出店していますので、今回はまずは大阪という流れになったのかもしれません。

ウェブから保険相談ニーズを引っ張り保険募集人が見込み客リストを買うという所謂リーズのスキームが厳しい中、「お客様と保険で接する機会をいかに創出するか」が大手代理店の命題となっていて、集客で苦戦する小売・サービス業とのタイアップは今後ますます進むと考えられます。

お客様と保険で接する場作りは、今後ますます業界の垣根を超えて熾烈な戦いが展開されることでしょう。

販売チャネルの主体は調剤薬局ドラッグストアになる

前述のように、保険に接する場を求めて、人が立ち寄る携帯電話ショップ、家具屋さん、電気屋さんに保険ショップが自前あるいは協業で出店しています。

携帯電話、家具、電気製品とどれも必要なものです。携帯電話を買いに行った際の待ち時間で保険相談、家具を買いに来たタイミングが保険ニーズが顕在化した時なので保険相談、電気製品を買いに来て保険のアンケートに答えて保険相談というのは、人と出会う確率からすると低いと思われます。携帯電話は3つのキャリアがあって好き嫌いがありますし、家具も家電も必ずニトリやヤマダ電機に行くとは限りません。

では、保険とシナジー効果が発揮しやすくて、多くのお客様と接することができる場所はどこでしょうか。筆者は、調剤薬局ドラッグストアだと考えています。

すでに日本調剤では店舗内に自社で保険ショップを展開していますし、マツモトキヨシもお客様にパンフレットを持って帰っていただくことで保険販売につなげようという展開に入りました。

病気と健康と保険は、表裏一体で、調剤薬局に保険ショップがあること自体はシナジー性が極めて高いと考えています。

ある方が、「自分は100%保険ショップに行って保険相談することはないが、病気になって調剤薬局に薬をもらいに行かないことは100%ない」とおっしゃったことがヒントで、商業施設で飽きられ、どこの保険代理店も新しい出店場所を模索する中、調剤薬局への保険ショップ出店を思いつきました。

今後の保険ショップは、「モノ売り施設」から「健康を提案する施設」へと、大きく出店チャネルを変えると考えています。

医療費削減は国策

医療費の削減のため、厚生労働省はセルフメディケーション税制を2017年1月よりスタートさせました。みなさん、この制度をご存じでしょうか。

セルフメディケーション税制とは、健康の維持増進及び疾病の予防への取組みとして定期健康診断、健康診査、がん健診等といった取組みを行う個人が、2017年1月1日から2021年12月31日にスイッチOTC医療品（要指導医薬品及び一般用医薬品のうち、医療用から転用された医薬品）を購入した際に、その購入費用について所得控除を受けることができるものです。

病気になったらすぐに病院に行くのではなく、最寄りの調剤に寄れば処方箋なしでも市販薬よりは効果の高い薬を薬剤師が出し、病院での初診代や適切な量の薬を出すことで医療費を削減するという国策で、そのため、ここにかかる費用を所得控除にできるという荒業を採用しているのです。一体、どのくらいの方が認知されているでしょうか。

こうしたお客様にとってメリットのある情報だけでなく、地域に根差した予防医療セミナーの開催等々を地元の調剤薬局をキーステーションに展開させようとする構想が健康サポート薬局です。処方箋なしでも気軽に立ち寄れて、生活習慣病の予防相談等々ができるように、各地の調剤薬局を「薬を売るモノ売りではなく、コミュニケーションの場とする」よう厚生労働省から指導されているのです。

調剤薬局に求められる健康サポート薬局としての機能

処方箋なしでも気楽に立ち寄れて、生活習慣改善相談をと言われても、顧客の立場からすると行きづらいですよね。本来、病気になって体調がつらい状態で行って、いち早く薬を出してと思っている顧客側からすれば、ニコニコして積極的に話しかけてくる薬剤師がいたら、面倒なだけで会話も成り立たないと思います。

同じように、専門職である薬剤師にすれば、いきなりお客様とのコミュニケーションをとるように言われても、薬剤師は薬を間違えないように細心の注意を払って手配し、薬の説明をするだけで精一杯で、これ以上のことを言われても無理という状況だと思います。

たまに話し好きな薬剤師もいますが、余り話過ぎていると薬を待っている他のお客様から睨まれることもあると思います。この調和が難しいですよね。コミュニケーションは常日頃から構築しないと難しいものです。

では、調剤薬局に薬をもらいに行った際に、例えば血圧計とか体重計などがあれば、時間もあるので思わず測ってしまいますよね。最近の調剤薬局にはこうした健康セルフチェック機器が置いてあるところを多く見かけますが、ただ置いてあるだけではなかなか使われません。

病気で辛い時ですが、待ち時間が近くの調剤薬局でも20分程度は時間を要しますので、意外に話しかけられても嫌な感じはしないと思います。だって、暇で何もすることがないからです。よく雑誌が置いてある調剤薬局もありますが、誰も読んでいません。色々な病気で来た人が触った雑誌を手に取る人はまれなのですが、それでも置いてあります。

では、健康セルフチェック機器がある場所にコミュニケーションがとれる人がいたらどうでしょうか。使い方を教えてもらって少し会話ができれば、暇つぶしに人は寄ってきますよね。待合室に座っていて声をかけられれば、どうせ暇ですし薬ができるまでの限られた時間だと思うと会話に乗ってくると思いませんか。

しかし、ここで求められるのは、コミュニケーションの達人です。中途半端な会話では厳しい状況ゆえに、コミュニケーションの達人が求められるのです。

では、誰ができるか想像してみてください。ここで登場するのが、安全・安心という目に見えないものを販売している保険募集人だと考えています。しかも、地元出身なので共通点も多く、もしかしたら小中学校の同級生だったという方に巡り合えるかもしれません。「今は、人の時代」と言われています。徹底的なカスタマー・インで営業しているのは、保険募集人以外いないと考えています。こうしたコミュニケーションの達人である保険募集人が「みんなの健康ラウンジ」というブースを作り、薬剤師に代わって会話を構成し、会話が楽しければ、あの人と話したい、定期的に健康セルフチェック機器の測定もしたいといった動きになると考えています。保険募集人との提携により、処方箋なしでも気軽に立ち寄れる調剤薬局が構築できるのであれば、やらない理由はないと思います。

健康保険組合の動き

健康保険組合では、組合員で腹回り85cm以上の方については調剤薬局で生活指導を受けるように徹底が図られています。健康保険組合も負担増の中、前段階として各地の調剤薬局を活用して特定保健指導を受けさせる方向に動いているのです。

健康保険組合と調剤薬局、これに保険代理店が加わると、どんなことができるか考えてみてください。

健康保険組合と言えば企業の社員を対象としたものです。企業は大工場を有するところも多く、地方においては企業城下町というところも多々あります。こうした企業城下町を有する企業の健康保険組合と提携し、調剤薬局での特定保健指導を推進できれば、間違いなく自治体を絡めることができ、その自治体における健康データを取得することにもつながります。町を挙げて健康増進に邁進し、元気で100歳まで活躍できる地方を創出できれば、町自体の存続も見えてくると思います。

大規模な社員＝健康保険組合員を有する健康保険組合との連携は間違いなく新しい化学反応を起こすと思われ、その中のコミュニケーション部門を地元の保険代理店が担うというスキームは、地方創生の一助になると考えています。

保険募集人にとっても、病気で薬をもらいに来られたお客様とは別に特定保健指導を受けに来られる健康保険組合員の方と会える場になれば、企業名もわかっているので、保険の提案もしやすいですよね。

ドラッグストアも変わろうとしている

あるドラッグストアで健康セルフチェック機器を試験的に導入し、実験をしたところがあります。健康セルフチェック機器とは、

- 血圧計、体重計が自由に使えて計測できる
- このデータをマイカードに保存できるようになっていて、測定のたびに過去データのチェックができる

という簡単なものです。

血圧計と体重計が基本ツールとなりますが、意外と自宅に血圧計があったとしても測りませんよね。筆者も2年前に血圧計を購入しましたが、測定したのは購入して3日間だけでした。最近はコンビニでも血圧計が設置されていますが、なぜかコンビニだと測ってみようかという気になってしまいます。人間の心理って不思議ですよね。しかも、血圧計と体重計が設置されている場所が調剤薬局ドラッグストアだったら、間違いなく測定すると思います。実際、あるドラッグストアで健康セルフチェック機器を導入したところ、何と

リピーター率が大幅に上がるという結果になりました。

さらに驚くべきは、お客様の購入品に大きな変化があったことです。健康に関するサプリメントや高タンパク質ヨーグルトといったものが大幅に売上を上げたのです。人は健康を意識すると健康増進に動くことが立証されたのです。しかも、当該店舗ではお酒の販売をしていたのですが、何とお酒の売上は大幅に下がったのです。凄い結果ですよね。

では、実験結果も良かったので、この健康セルフチェック機器を採用したかというと、採用されませんでした。理由は、調剤薬局ドラッグストアのスタッフの手間が大幅に増え、スタッフから導入を止めてほしいと懇願されたからです。

調剤薬局ドラッグストアは健康サポート薬局に変貌しないと生き残ってはいけない現実が目の前にあるにも関わらず、スタッフはお客様満足より自分たちの手間を優先したのです。これが調剤薬局ドラッグストアの実態であり、解決するには、薬剤師をはじめ全てのスタッフの意識改革が求められますが、簡単な話ではありません。変わろうとする調剤薬局ドラッグストアに対して、変わりたくない薬剤師やスタッフ。この両者の溝は意外と深いというのが現実です。

マツキヨがB2Cで保険販売をスタート

第2章でも触れましたが、こうした背景の中、2017年12月、ドラッグストアのマツモトキヨシがB2Cで保険販売をスタートさせました。

マツキヨの最大のポイントは利用者が若いということ。昔は女子高校生が長時間滞留するなどとして問題視されたこともありますが、なんとその女子高校生の子どもたちが女子高校生となって、またマツキヨに来店しています。2代そろってマツキヨファンも多く、そのため、店内に綺麗なパウダールームが完備され、ネイルサロンまであります。

当然、保険の対象も若い女性たちになります。なかなか保険というワードが刺さらない世代ではありますが、今後新しい保険を創って販売する方向とも報道されていますので、そのために出店し顧客ニーズを調べるという意図としては、健康を扱うドラッグストア以外にないと考えます。スマホを活用した保険であったり、前述したP2P保険であったりすれば、十分勝機があると思います。

調剤薬局内に本格的保険ショップを出店させた先駆者である日本調剤は、基本的に門前薬局で大病院前の立地になります。多くの開業医から紹介状をもらって検査等に来られる方が多く、門前薬局だと一日の来店は100人を軽く越します。当然、薬の待ち時間は最低でも1時間を要するため、時間つぶしに保険ショップにいかがですかという導線は素晴らしい発想だと思います。

来店者も何らかの病気で来ているので、保険に関して間違いなく関心があり、「こんな病気で来ているが、入れる保険はあるか」と言って保険ショップに立ち寄られる方も相当数あります。限られた時間内での保険相談となりますので、日本調剤保険代理店としては、現在2社の保険会社のみを扱い、主力商品は病気があっても加入可能な無選択型の保険を勧めていると聞いています。

マツモトキヨシが保険のパンフレット立てを設置してお客様に勝手に持ち帰ってくださいとしているのに対し、日本調剤のように本格的な保険ショップを設置し保険募集人を自社採用で運用しようとすると大きなコストがかかりますが、直接その場で保険相談できるわけですから、間違いなく一定の成果を導くことができると考えます。

その意味では、日本調剤型保険ショップとマツモトキヨシ型保険販売の2つのパターンがすでに調剤薬局ドラッグストアでは生じていることになります。両社とも、それぞれ自社あるいは自社子会社を活用しての保険販売となり、他の保険代理店は絡みようがありませんが、実は、もう一つのパターンもすでにスタートしていることをご存じでしょうか。それが「みんなの健康ラウンジ」になります。

みんなの健康ラウンジ

調剤薬局ドラッグストアにおいては、日本調剤、マツモトキヨシはともに自社で保険代理店事業を開業し保険販売をしていますが、人を雇用するリスクや保険代理店事業に求められるコンプライアンスや保険業法対応等を他業種・他業態でどこまでできるかとなると疑問がないとは言えません。保険事業でトラブルが発生した場合、本業にまで影響を及ぼす恐れもありますので、この点をいかにして避けるかは大きなハードルとなります。こうした背景から「できるだけ少ない保険会社の商品に絞る」という対策を講じていて、結果、日本調剤は2社、マツモトキヨシは1社だけの保険商品しか扱っていません。

これを、お客様の立場からみると、「もっと多くの保険商品を提案してもらって、比較検討したうえで保険加入を検討したい」となります。

この両者のマイナス部分を補うスキームが、各地の調剤薬局ドラッグストアと地元保険代理店の提携による「みんなの健康ラウンジ」になります。

調剤薬局ドラッグストアサイドから見ると、調剤薬局ドラッグストアが大家さんになって、テナントとして保険代理店を入れて、ここに「みんなの健康ラウンジ」を出店するというものになります。

従来、商業施設等にテナントとして出店し保険ショップを展開してきましたが、出店先が商業施設等から調剤薬局ドラッグストアに変わったと考えていただければ理解いただけると思います。当然、出店する保険代理店は調剤薬局ドラッグストアに「家賃」をお支払いしますので、新しい売上ができます。

通常「みんなの健康ラウンジ」でのスペースは1～2坪程度ですが、「家賃」は調剤薬局であれば毎月の来店者数によって、ドラッグストアでは坪単価営業利益をベースに個別に相談して設定しています。

ただし、出店にはいくつかポイントがあります。一つは、調剤薬局は医療施設であることです。当然、医療施設内に別の業者が入り業務をする場合には、保健所の許可が必要となります。二つ目は、そもそも調剤薬局ドラッグストア自体の出店先に大家さんがいるという問題です。これは大きな問題になります。

出店先が単純に大家さんであれば、家賃、保証金等々の出店条件を決めて賃貸借契約書を締結すれば終わりですが、出店先自体がテナントになれば、いわゆる又貸しになります。こうなると本来の大家さんの承認が必要となりますが、このハードルを越すのは並大抵ではありません。その他にも多くの障壁が存在したため、調剤薬局ドラッグストアに「みんなの健康ラウンジ」出店の企画を作ってから、なんと2年もかかってしまいました。

しかし、こうした障壁を「地域住民の健康を守る」という理念が勝り、２０１７年10月にファーマライズホールディングス株式会社傘下のヒグチ薬局住吉店（兵庫県）がオープンしました（**写真⑥**）。

調剤薬局ドラッグストア店舗内に2坪程度のスペースを作っていただき、「みんなの健康ラウンジ」のブースを創り、調剤薬局に薬をもらいに来られた方に保険提案をし、さらにイベントを開催しドラッグストアに来店される方々からアンケートを取り、保険相談にもっていくというスキームで展開しています。

ちょうど、ピンクリボンデーである10月1日がスタートとなりましたので、乳がん触診キットを保険会社から借りて店頭に設置し、来店者に乳がん触診キットを触っていただきながら自然とがん保険の提案をすることもできました。場所柄、こうした健康に関するチェック機器を活用すれば集客は自然と起こせるということを立証することができました。

さらに、健康をテーマにすると想像を超える化学反応が起こることがわかりました。2017年10月1日、住吉店オープンにあたりJR住吉駅でチラシを配布していましたが、チラシを持って男性が来店され、「みんなの健康ラウンジ」で何に取り組もうとしているのかと確認されました。そこで、来店されたお客様と一緒に体と心と財布の3つの健康を守るというコンセプトを説明しました（**図表⑥**）。

体については専門的なことで、何の資格も有していない保険募集人は何もできません

写真⑥ みんなの健康ラウンジ

が、何が心配で悩んでいるといった前段のお話しをお聞きすることはできます。この話を薬剤師にすぐ近くで聞いていてもらえるので、生活習慣の改善や、どんなサプリメントが良いのか等の話に展開した段階で薬剤師の方におつなぎすることができます。

心の健康は、まずは言いたいことを話す機会だと思っていただいて、日ごろの愚痴など何でも話してもらい、すっきりすることで、心が少しでも晴れれば健康になると考え、聞き役に徹するよう心がけています。

悩み事、困り事など何でもお話しいただくことで、何らかの解決策をそれぞれの専門家につないで提案することができます。

地元の保険代理店ゆえに、地元の士業の方や地元で活躍する多くの方々と接点があるため、あらゆる相談事に対し、解決できる人を紹介することができるわけです。例えば、相続でお困りの方に、セカンドオピニオンとして弁護士を紹介し、結果、長年の相続争いが解決できれば、心が平穏になって、結果、健康になると思います。

こうした導きができるのは、コミュニケーション能力の高い保険募集人ならではの力であり、地元の保険代理店ゆえに解決できることだと考えています。

昔の保険募集人は、夫婦仲が悪いと知るとお互いをなだめたり、「お嫁さんを探してほしい」と言われればすぐに探して結婚相談所的な仕事もしたり、「飼い犬が子犬を産んだ

図表⑥ 3つの健康を守る

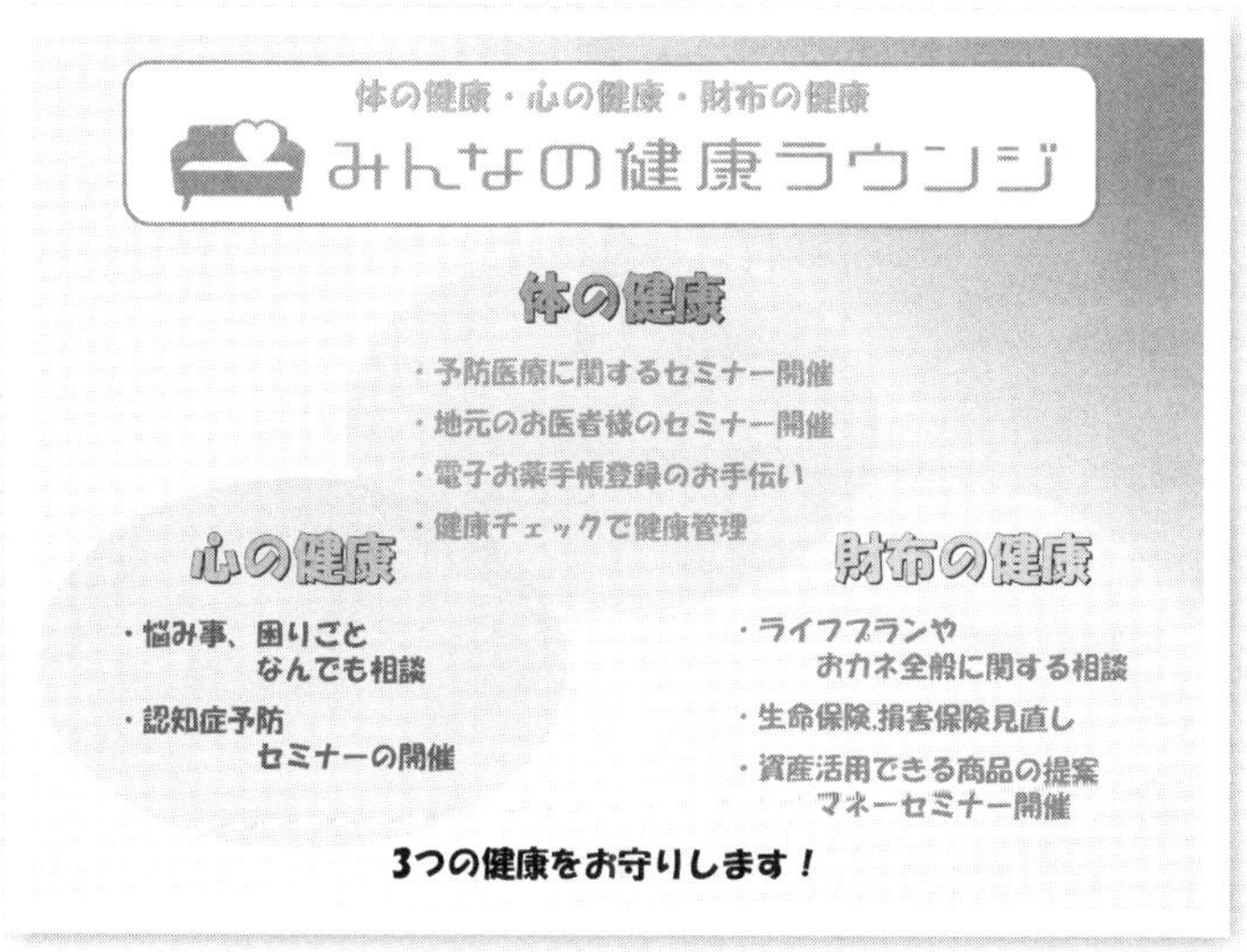

ので、もらい先を探してほしい」と言われればすぐに探して、今のように殺処分といったむごいことをしなくてすんでいました。こうした活動から地域住民の信頼を勝ち得て、保険という商品獲得につながっていたのです。

その意味では、調剤薬局ドラッグストアに出店することで、もう一度、この原点に帰ることができ、忘れかけていたお客様に寄り添う営業ができる場所になることは間違いないと考えています。

三つ目の「財布」の健康は、保険に限定せず、個人のバランスシートをしっかり見て、保険以外の資産形成の方法等も積極的に勧めて、１００歳までお金に困ることがないよう指導したいと考えています。

こうした話をチラシを持参された男性に説明したところ、「素晴らしい取組みなので何か一緒に取り組んでいきましょう」と言われ、名刺を出されてビックリ。何と神戸薬科大学の学長様でした。

その後、神戸薬科大学にお邪魔して、何が一緒にできるか打ち合わせをさせていただいていますが、通常の保険ショップでは起こりえないことが現実として起こりました。

「健康」をテーマに、各地の調剤薬局ドラッグストアに出店することで、さらに多くの化学反応が起こり、学校・地元企業、自治体との提携も視野に入れた展開ができると確信した瞬間でした。

調剤薬局ドラッグストアとセミナー共催

「みんなの健康ラウンジ」キタマチ薬局（東京都・東武練馬駅下車数分）に出店しているGift Your Life 株式会社（東京都中央区、豊福公平社長、以下ギフトユアフイフ）では、来店者にセミナーを案内して、「がんセミナー」を開催しました（**写真⑦**）。

当日は、ギフトユアライフから社員が登壇して、がん出術の模様の動画等を交えて説明があり、参加された地元の方々には非常に熱心に聞いていただきました。

参加者は数名でしたが、講師とお客様の距離感が近く、セミナーの中でも参加者から質問が飛び、質問に対し別の参加者からも発言があるなど、和気あいあいの感じで2時間近いセミナーを開催できました。筆者も参加しましたが、家庭的でがんの話が活発にできるこうした場作りこそが地域に必要だと痛感しました。

神奈川県が2017年7月より、東京・原宿で、コーヒーなどの通信販売を行う株式会社ブルックスと組んで「未病カフェ」を作って未病対策を発信しているのをご存じでしょうか。神奈川県は小田原市や箱根町、大井町などの2市8町の県西地域を未病の戦略的エリアとし、温泉や地域食材の薬膳料理による未病の改善を通じて地域の魅力を発信するプ

写真⑦ がんセミナー

ロジェクトの一環として未病カフェを出店しています。これが、関東各地の調剤薬局ドラッグストアをハブにして未病対策を発信できれば、より多くの方に、より身近で提案できると考えています。

全国に5万8000店舗以上もある調剤薬局ドラッグストアだからこそ、ここで健康増進、未病対策情報が発信され、実際に集まってセミナー開催ができる場所として機能すれば、間違いなく地域住民に浸透すると思います。今後も全国の出店先で毎月一回のこうしたセミナーが実現できるよう展開したいと考えています。

みんなの健康ラウンジは三方良しのスキーム

前述したように、出店先である調剤薬局ドラッグストアにとっての最大のメリットは、「薬剤師等に代わって出店する地元の保険募集人がお客様とのコミュニケーションをしてくれる」ことです。薬剤師等は専門職であり、コミュニケーション能力としては不足している方が多いと考えています。しかし、厚労省からは、モノ売りではなく対話をするよう指導されています。このギャップはなかなか埋めることが難しいと考えています。

であれば、苦手なコミュニケーションを誰かに依頼するのが一番か。ここに地元の保険募集人が登場すれば、彼らはモノがない安全・安心という目に見えない商品を販売しているのですから、しっかりコミュニケーションをとることができます。結果、お客様に寄り添うことができます。

人は誰でも人とのつながりを探しています。だからこそ、SNSがこれほどまでに広がっているのです。リアルに温かみが感じられる距離でコミュニケーションのプロと話ができ、愚痴を含めて色々なことが喋れると、人は安心を感じ、それが信頼に拡大し、つながりは強固なものになります。人を大切にする調剤薬局ドラッグストアには欠かせない存在が「みんなの健康ラウンジ」になるのです。

「みんなの健康ラウンジ」に出店する保険代理店にとってもメリットはあります。保険について人と接する場所がなくなっている今、新しく人と接する場所として調剤薬局ドラッグストアに出店できることは最大のメリットになります。商業施設のように朝何時から夜何時まで365日休みなしの出店と比べて、調剤薬局ドラッグストアへの出店は出店先と打ち合わせをして自由に決めていただくことができます。平日も一日休日を設定していて、週4日の営業で展開できるのです。これなら、人の手配もできるのではないでしょうか。

しかも、出店コストは2坪程度ですので家賃は3万円程度と安く、ロイヤリティと人件費を加えてもランニングコストは通常の保険ショップと比較にならないほど安価になります。店舗自体の造作も大した金額はかかりませんので、初期コストは50万円程度で済みます。こうしたお手軽さも保険代理店にとってはメリットの一つだと考えています。

健康サポート薬局を目指す調剤薬局ドラッグストアと、お客様と接する場所を求める保険代理店、そして地元のお客様にも役立つという三方良しのスキームである「みんなの健康ラウンジ」が全国展開する日も遠くないと考えています。

第4章

保険代理店・保険募集人が勝ち残るために

保険業界を取り巻く厳しい環境、全く新しい保険の概念の登場と、確実に保険業界が根っこから変わろうとしていることは十分ご理解いただいたと思います。しかし、こうした中でも私たちは勝ち残っていかなければなりません。保険代理店や保険募集人の皆さんが、どうすれば勝ち残れるかを、本章で考えていきましょう。

1 雨降りの三つの対策

保険代理店業界はここ数年、天気にたとえると「雨ばかり」という感覚だと思います。毎日、雨が降る中、どのように対策を講じていけばよいでしょうか。答えは三つあると考えます。

一つ目は、当たる天気予報を見つけ、事前に対策を講じることです。せめて台風や大雨は避けたいですよね。二つ目は、傘を持つことです。筆者も傘は数本持っています。皆さんもそうですよね。折り畳みの傘、雨の強い時用に濡れないための大きめの傘、日常使いのビニール傘等、数種類の傘を使い分けて活用しています。三つ目は、頑丈な建物の中にいることです。たとえ土砂崩れや風速何十メートルの台風にあっても耐えうる強度の建物の中にいれば安心ですよね。

では、これら三つの対策をそのまま保険に当てはめて考えてみましょう。

1 信じられる天気予報を確保すること

当たる天気予報があれば、台風や大雨の降る時は外出を控えて、最悪の事態に備えて非難するなど、事前に対処することができますよね。企業によっては天気予報会社と契約し、テレビの天気予報よりも詳細で局地的な天気予報を入手して、先手を取って対策を講じています。天候と事業はすでに密接な関係にあるのです。

では、保険業界の天気予報とは何か？　保険の情報誌はもちろん、保険代理店の団体などを推挙したいと思います。

いくつかある保険代理店の団体に積極的に参加して、自分の判断でどの情報が役立つかを考え、的確な情報を発信してくれる団体に加入することは、今、必須だと思います。保険会社の情報は一方向からの見方で大きな視点での情報ではありません。色々な保険会社からの情報を取ろうとしても量が膨大になってしまい本質がわからないことにもなります。保険代理店業界にある団体は、こうした情報を整理して、代理店の皆さんに伝えやすい形で発信してくれます。入会しても定例会等に積極的に参加して常に情報を入手することが大切ですので、皆さんの肌に合う持続できる団体を探してみることをお勧めします。

ちなみに、筆者が10年間代表を務めている一般社団法人保険健全化推進機構結心会は、常にお客様目線でお客様のために何ができるかを考え実行する団体です。会員の主力は不特定多数のお客様を対象に保険を販売する保険ショップですので、お客様目線が基軸となります。

フィデューシャリー・デューティーについても、3か月に一度の割合で開催される定例会で、必ず著名な方を講師にお迎えして勉強会を開催しています（**写真⑧**）。

この1年間では、セゾン投信株式会社の中野晴啓社長、HCアセットマネジメント株式会社の森本紀行社長、一般社団法人共同通信社の橋本卓典記者、第一勧業信用組合の新田信行理事長といった錚々たる方々にご登壇いただきました。これも団体であるがゆえにお招きすることができると考えています。

共同通信社の橋本卓典記者は、ご本人が書かれた『捨てられる銀行』（講談社現代新書）を拝読し感動したため、ぜひ、結心会でお話しいただきたいと考え、フェイスブックで検索したところ橋本記者を発見できました。無礼を承知でメッセージをお送りしたところ、何と直接お会いいただくことができました。そこで、結心会の過去の取組み事例等を説明

写真⑧ 結心会・定例会の風景

し、定例会での講演依頼をすることで実現に至ったものです。そこから、色々な保険会社主催のセミナーにご登壇され、多くの保険代理店に橋本記者の考えを伝えるきっかけを作ることができました。

第一勧業信用組合の新田信行理事長も、新幹線に乗ってたまたま「ウェッジ」という雑誌を見ていたら新田信行理事長の記事が掲載されていて、これを見て感動したのがきっかけです。第一勧業信用組合のメールアドレスにメッセージを送り、お伺いする機会を得て、秘書室や経営企画部の方々とお話しをする中で、ご登壇の了解を得るに至りました。

このように「思い立ったら動いてみる」こと、そして「団体として10年間きちんと活動していること」で、著名な方々とも接点を作ることができるのです。個人でお会いすることは難しいですが、団体に加入しているとこうした方々にもお会いできるチャンスがあります。

情報は「旬」でないと意味がありません。「旬」な情報を入手するためにも、今すぐ、保険代理店を構成員とした団体への加入をすぐに決断しましょう。団体はいくつもありませんので、自力で探し出してください。

金融庁が求めるベストプラクティスを自社単独で構築することは難しいと思われます。色々な代理店や募集人の創意工夫を相互に共有することでのみ、ベストプラクティスを追い求めることができるのではないでしょうか。高みを極めるには、常に変化し進化することが求められています。最新情報、他の代理店や募集人の取組み事例、成功事例、失敗事例等々を入手できなければ変化も進化も起こりません。情報が天気予報となり、常に先手で対処できる体制を構築できるのです。

2 雨を避けるための傘を持つ

保険業法対策は保険代理店・保険募集人が生き残るための当たり前の傘の一つだと思います。全ての保険代理店が体制整備に余念なく取り組んでおられると思いますので、この傘は台風にも耐えられる丈夫なものになっていることと推察いたします。

では、別の傘とは何か？　それは、保険外収益になる色々なアイテムだと考えます。本章の「3　保険外収益で経営の安定化を図る」で詳細を述べますが、保険代理店の手数料は残念ながら保険代理店だけではどうしようもありません。「来年からこのパーセンテージ」と言われれば、それを受け入れる以外の選択肢はないのです。保険代理店の経営基盤が保険会社に握られているのです。

こうした状況を脱却するためには、保険外収益をいかに築くことができるかにあると考えます。保険関連では、住宅ローンの借換えや相続相談等がありますが、保険代理店が家電を販売するといったアイテム等も実際に活用しています。

保険外収益の傘は、折り畳み傘かビニール傘のように、手軽で負担にならない程度のものなのに凄く役に立つという存在にしなければなりません。保険外収益にどっぷり浸かって本業が疎かになってしまっては本末転倒だからです。目的に応じた傘を複数持つことで、企業としての保険代理店の基礎体力を支えていく必要があるでしょう。

3 頑丈な建物の中に入る

雨風に耐えうるには、安全・安心な頑丈な建物に入ることが必要です。耐震装置があれば、保険業界のどんな激震にも耐えられますよね。

では、保険代理店にとっての頑丈な建物とは何か。残念ながら、規模で集まる代理店は、従来は集まれば手数料率が高くなるということで烏合の衆となりましたが、金融庁から量ではなく質との指摘を受けた結果、霧散しているというのが実態です。こんな脆弱な建物内に避難してもムダですよね。では、頑丈な建物とは何か。それは理念が共有できる代理店とのネットワーク作りです。マーケットシェアではなく、マインドシェアが求められているのです。

ちなみに、保険代理店の皆さんは、ホームページ上に代表者の経営理念を掲載しているでしょうか。こうした理念をチェックして「この保険代理店なら保険の相談をしてみたい」と来店されるお客様はゼロではありません。手数料が高くなるからというつまらない動機ではなく、同じ理念を持つ者同士が集まることで、頑丈な建物になれると考えます。そのためにも、ホームページ上で、理念や行動規範、組織図などは誰にでも見られるようにしておくべきです。

いかがでしょうか。少なくともこの三つの対策を講じていれば、勝ち残れる感じがしませんか。しかも、すべての取組みは難しいものではありません。やれることから確実にやることが肝要です。

2 リスクマネジメントに活路を見出す

リスクマネジメントという言葉は、筆者が損害保険会社に勤務していた頃は当たり前のように使われていました。

損害保険の代理店は家や車を買った人に火災保険や自動車保険を販売し、あとは毎年保険を更改するだけという単品販売しか手掛けてこなかったため、顧客目線で様々なリスクについて考えるコンサルティング業務ができないと衰退すると言われ続けてきました。そこで、リスクマネジメントを追い求めた時期もありましたが、最近はあまり耳にしなくなりました。

しかし、今こそもう一度、保険代理店が個人はもちろん、企業のリスクマネジメントまで実行することが社会から求められています。『そんな難しいことはできない』とおっしゃる方が多いかもしれませんが、保険募集人がお客様にお会いして最初にすることは徹底したヒアリングです。ここで、お客様の情報を収集し、リスクを分析し、ここでようやく「お客様の意向の把握」という最初のステージに立つことになります。このようにすでに日常で保険募集人はリスクマネジメントを行っているのです。

筆者が損害保険会社の社員だった頃は、カバンの中には、保険関係の書類ではなく、取引先企業の会社案内や商品パンフレットが入っていました。某家電メーカーの機関代理店を担当していた際には、どのセールスマンよりも多くのパソコンを販売し、建物全ての蛍光灯を替えてもらい、某歌手のＣＤを１０００枚も売ったこともありますし、某食品メーカーのクリスマスケーキに至っては毎年３００個も販売していました。販売するにあたり、何度も会社を訪問し、会社の事業を社員の誰よりも理解していたから販売できたと思っています。こうした行動ができれば、未来をコンサルティングする素地を持っていると言えると思います。

それをもう一歩進めた展開をすることで、保険募集人は勝ち残れるチャンスが生まれるのではないでしょうか。

企業のリスクマネジメントの根っ子には、２００６年に改正された会社法があります。会社法施行規則第１００条第１項第２号には「損失の危険の管理に関する規程その他の体制」が明記されています。これを受けて多くの企業ではリスクマネジメント委員会を社内に設置し、リスクマネージャーが各部門、部署のリスクマネジメント管理体制を維持させています。

最近話題の多い公益財団法人日本相撲協会も理事会では決めることはできず、全ての決議は相撲協会外の有識者によって構成される評議員会議を経て最終決議されています。これは外部による管理監督をすることで、リスク管理をしていることになります。

みずほフィナンシャルグループでは取締役の人事案を作成するのは指名委員会で、取締役の報酬を決めるのは報酬委員会で、それぞれ全員社外の人をもって構成されています。こうした体制が社内リスクの管理につながっているわけです。

会社法により、中小企業等でもリスクマネジメントが求められており、こうした企業のリスク管理を外部の立場として保険代理店が担う時代が来ていると考えています。

企業は持続可能性を求められています。会計には過去会計と未来会計があり、過去会計は税務会計であり、未来会計は財務会計となります。過去会計は税理士の仕事ですが、未来会計はコンサルティング会社の仕事になります。では、コンサルティングは誰が教えて、誰がサポートするのでしょうか。ここに保険代理店の存在価値を見出すのです。ハードルは高いとは思いますが、保険募集の原点を徹底追究していけばできると思います。原点に立ち返って、もう一度、リスクマネジメントを勉強すべきではないでしょうか。

3 保険外収益で経営の安定化を図る

何度も恐縮ですが、保険代理店の手数料を決めるのは保険会社であり、保険代理店には何らの権限もありません。突然、保険会社に手数料を大幅に下げられてしまえば、その瞬間から保険代理店の経営は成り立たなくなってしまいます。

では、どうするのか？　既契約者にも未来のお客様にも役立つアイテムで、しかも目の前の保険外収益にもつながるものに取り組むことではないでしょうか。

ここでは、実践的ないくつかのアイテムをご紹介していきます。

1 家電を売る

ライフプランは8年周期で見直す機会が生じると言われていますが、ライフプランと同様に一定の期間で必ず買い替えるものがあります。それは、家電製品です。

子どもの誕生とともに加入した保険も、子どもが8歳になると子どもの夢の実現のためにライフプランが変わることがありますし、小学校入学時に加入した保険も8年経つと高校受験手前になっていて将来設計が出現しライフプランが変わることがあります。このタイミングでお客様と出会えれば、保険ニーズが顕在化していて保険見直しの可能性が高まりますよね。

保険ショップは常設店ゆえに、こうしたお客様と確実にお会いできますが、訪問販売系の保険募集人にとっては、目の前のお客様しか見えないので、既契約者のフォローをしながらライフサイクルの変化のタイミングでアプローチするというスキームが構築できていません。

そこで、自然と会うタイミングを創出するために、家電販売をするのです。活用しているのは、ヤマダ電機のボランタリーチェーンを運営しているコスモス・ベリーズ株式会社です。

家電は定期的に買い替えになりますよね。２０２０年の東京オリンピック開催前には、間違いなく大型テレビの買替え需要が殺到します。これを家電屋さんに持っていかれるのではなく、保険募集人が家電販売できれば凄いと思いませんか。

大型家電としては、テレビ、洗濯機、冷蔵庫、クーラー等がありますが、これらだけでも回転次第では少なくとも2年に一度はそのうちのどれかを買い替えていると思います。このタイミングで家電を購入したいという話が保険募集人に来て、保険とは全く関係のない家電でお客様と接することができれば、必ず本業である保険につながるはずです。

一定の周期でお客様と出会えて、しかも家電販売による収益にもつながるというスキームですが、保険外収益としては決して小さいものではありません。

先般、アメリカ・ラスベガスで開催された国際家電見本市（ＣＥＳ）での目玉は何だったかをご存じでしょうか。家電のイベントで最も注目を集めたのは電気自動車です。ガソリン車のエンジンは複雑ですが、電気モーターは簡単にできますので、あらゆる家電メーカーが電気自動車に参入しています。となると、保険代理店がついに自動車を売る時代がやって来るのです。保険代理店が車のディーラーになれるのです。

しかも、何といっても単価が違います。電気自動車ですので、100万円以上することは間違いありません。100万円単価の家電を販売して利益が10%あれば10万円になります。この利益は大きいと思われませんか。そのうえ、間違いなく、自動車保険が売れますよね。

そのためには、今から家電販売を実施して、多くのお客様に保険代理店でも家電販売しているることを認知させることが必要です。何か困ったことがあれば保険募集人に連絡があるというスキーム作りに家電販売、いかがでしょうか。

2 楽活

楽活というワードをご存じでしょうか。楽活は楽しい人生を送るために、美術ジャーナリストと一緒に全国の美術館巡りをしてアートを楽しむとか、落語などの演芸を楽しむなど、心を豊かにする行動を通じて生活を豊かにしていこうという企画です。

終活というワードもありますが、お仕舞い支度をするというイメージでは、政府が行っているように100歳まで元気で生きようという主旨に若干合わなくなっていると思います。その意味では、楽活はワードとしても受け入れやすいのではないでしょうか。

とある日曜日の午後2時から4時まで、東京・日本橋の会場で楽活イベントが開催されましたので見学に行って来ました。日々楽しい生活を送るための「楽活落語会ｗｉｔｈお助けセンター」と称したイベントです。日曜日の午後からでしたが、年配の方を中心に多くの方が参加していました。主催者に確認したところ、新聞折込みによる案内だけとのことでしたが、開催場所の立地が良いので、日曜日の買い物ついでにお越しになられた方が多いように思いました。一人数千円の参加費がかかりましたが、年配のご夫婦や女性グループが買い物ついでに多く参加されていました。

この日のメインイベントは落語でした。春風亭三朝師匠による落語「片棒」の20分ほどのお話を楽しんだあと、主催者である弁護士法人日本橋さくら法律事務所の上野晃弁護士が、「落語『片棒』から学ぶもめない相続」のセミナーを開催されました。

相続というテーマでしたが、参加者はイベントの入口であった落語からのセミナーでしたので、関心を持って聞いていました。こういう導入方法は大変ユニークですし、効果もあると思いました。

その後、休憩をとって、再度、春風亭三朝師匠にご登場いただき、この日に合わせた落語を一席演じ、会は終了しました。参加者は落語が2題聞けて、相続セミナーも聞けて、楽しそうに帰っていきました。まさに楽活という感じでした。

落語「片棒」は相続につなげやすい演題で、相続に関連した古典落語は他にもあるとのこと。関西では創作落語を活用したセミナーもあるようですが、関東では古典落語でないと集客できないそうです。

ということで、2018年2月開催の結心会定例会にも春風亭三朝師匠にお越しいただき、落語を演じていただきました。研修所に高座を作って2題ほど演じていただき、初落語という会員も含め、楽しく「楽活」を実体験しました。

「楽しい」は「コト消費」になります。「楽しい」は共感型コミュニティを構築できる要素にもなります。「楽しいコト」で、人は集まり、お金も厭いません。

神社仏閣を見学する、美術館巡りをする、陶芸作品を造る、歴史的建造物を見て回って歴史を実体験する、和菓子を作る、孫とお爺ちゃんで博物館を見学する（**写真⑨**）等々、色々な「楽しいコト」はあります。

まずは、共通の楽しいコトを創り出し、共感した人々でコミュニティを創り、その企画運営で費用を取りつつ、一緒に楽しめれば、あとは何でもご提案できる関係になっていると思います。

「川下」を押さえ、地に足を付け、根を張るという徹底的なカスタマー・インのためにも楽活は活用できると考えています。

写真⑨ じいじと孫のアート鑑賞

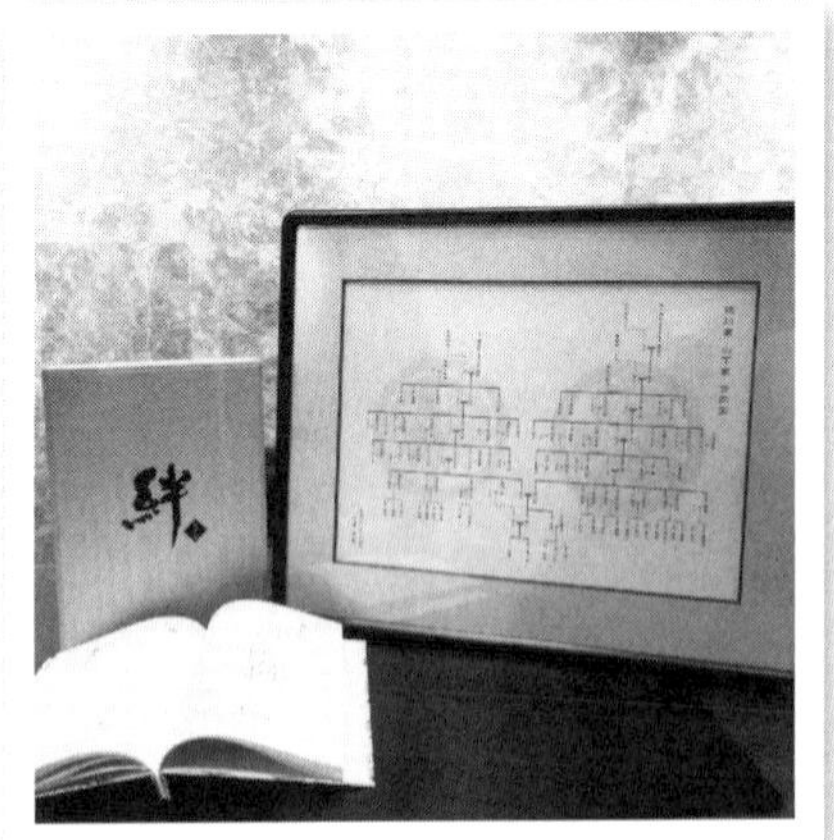

写真⑩ 家系図

3 家系図

「あなたの家系図作ります」という事業があります。明治以降、戸籍が作られましたが、この戸籍を遡って作成してくれる業者があります。遡ること150年くらいの家系図を日本と世界の歴史年表も付帯して作ってくれます（**写真⑩**）。

業者に依頼すると最低で30万円程度のコストがかかりますが、最近は「人物ヒストリー」として先祖を遡るというテレビ番組もあって、特に地方では受けます。

家系図を作ると、父方、母方の先祖を遡り、たまにしか会わない叔父さんや叔母さんがどういう関係なのかを理解することができます。

こうした提案を保険募集人がすると何が起こるでしょうか。既契約者に採用いただければ、その方の家族がわかり、完成した家系図を一緒に拝見しながら色々な話題に触れることが可能になりますよね。ちょっとイヤらしい話ですが、お金持ちの親戚はお金持ちの可能性が高く、既契約者と同じ悩みを抱えている可能性があります。家系図を見ながら関係をお聞きして、ご紹介を依頼する絶好のタイミングだと思われます。

既契約者の親戚まではなかなか紹介依頼できないと思いますが、家系図作りを提案することで、紹介フィーも入り、紹介依頼のチャンスともなる、一石二鳥の戦術になります。

4 婚活

婚活を事業化している保険代理店があります。代理店の「付帯サービス」として展開されています。既契約者の中には、まだ独身という方もいると思います。既契約者のお父さん、お母さんから息子や娘の結婚相手を探してほしいという依頼もあると思います。でしたら、婚活を事業化するのです。そのためには、保険代理店が付帯サービスとして婚活事業を定款に入れる必要があります。

次に、婚活会員を募集して入会してもらいます。ここで、入会金や年会費を取ると本格的で面倒なので、単に出会いの場を作る作業に徹します。やり方は、次の通りになります。


㋐既契約者またはその家族向けに「独身向け婚活サービス」を開始する旨を発信して、婚活会員に登録していただきます。

㋑既契約者の中から地元で有名なレストランがないかを確認、なければ自分の足で食べ歩きして美味しい雰囲気のあるレストランを見つけます。

㋒こうしたレストランに一番暇と思える日曜日の夕方あたりで貸し切り交渉をします。

㋓場所が決まったら、婚活会員に案内を出して、美味しい食事を楽しみながら、出会いの場を提供します。

㋔単に食事をするのではなく、レストランの料理長に美味しいデザートの作り方のレシピを教えてもらうなど、盛り上がるような各種イベントを実施します。

㋕昔のように告白タイムは無理だと思いますので、参加者同士でLINEでつながってもらい、あとは各自連絡するというスタイルをとります。

レストランサイドは、暇な時期に大勢参加のパーティーを開催してもらって喜びますし、カップルが成立したら出会いの場として末永く使ってもらえるかもしれませんので、気合の入った料理を出してくれます。

当然、参加者はこうした会を開催してくれた保険募集人に感謝してくれて、決して他の募集人で保険加入することはありません。顧客の抱え込みとして、人が求めていることをやっていれば最強の防御になるわけです。

運営は大変ですが、パーティーについては会費制にして運営サイドにも日当くらい出せれば十分かと思います。これが縁で結婚されれば間違いなく一生、保険はその保険募集人から逃げることはないと断言できます。

縁を作り、お子様が生まれて家族が喜び、一生のお付き合いのスタートを一緒にすることができる婚活事業は、少子化を防ぐためにも保険募集人がやるべき社会的使命だと考えています。

5 パーソナルジム

健康維持等の目的でフィットネスクラブに行かれている方も多いと思いますが、長続きしているでしょうか。

筆者も以前、高いお金を払ってフィットネスクラブに入会しましたが、自分の都合のよい時間帯に行くと大勢の方がいて自由に機材を使えないとか、無理して時間を作って行こうとしても行けないなど、徐々に足が遠のいてお金をムダにしたことがあります。テレビでCMを流しているジムだと、個人指導が売りでコミットメントもしてくれますが、30万円以上のお金をかけて、相当ストイックにやらないとできないので、最初からできない気分になってしまいますよね。しかも、あんなにムキムキな筋肉質にしなくてもよくて、適度にスリムな体形が維持できればよいわけですよね。

そこで、保険代理店がパーソナルジムを開設するという提案をしています。コンビニがフィットネスクラブを併設させ24時間使えるようにするという企画が発表されましたが、保険代理店がやるほうがシンクロ性は高いと思います。トレーナーは有名なフィットネスを辞めて独立した方が全国にいるので、彼らを使います。この仕組みを既契約者を軸に案内し、さらに近くの病院や企業の健康保険組合等を訪問し、メタボの方を中心に声かけを依頼します。

三食の食事の写メを送るのは大変なので、夕食だけ毎食後写メを撮ってトレーナーに送るとコメントが返ってきます。月に2回程度、保険代理店の事務所会議室等を活用して、レッスンを受けることができるといった内容になります。レッスンの後、マネーセミナーがあってもよいと思いますが、これだと気軽に参加できますよね。当然、毎月のコストも安くでき、レッスンは同じ体形、同じレベルの方が一堂に会して開催しますので、気楽です。

例えば、駅前に集合して10㎞歩いて、地元の美術館に行って美術鑑賞をするという楽活イベントを一緒に開催できれば、運動とアートと出会って心の癒しもできるということもできます。

地域住民の健康を守る使命は保険代理店にあると考えていますので、ぜひ取り組んでいただきたいと思います。

大阪では、トレーナーが女性モデルという企画もあり、モデルのような体型を手にしたいという女性だけでなく、男性の集客にも大いに効果があると推察しています。要は持続可能性。続けられるために、色々な工夫をしていくことが肝要かと思います。前述の調剤薬局ドラッグストアに出店する「みんなの健康ラウンジ」をハブに提案すると、すぐに会員を集めることができると思います。

6 スマートフォンの修理

スマートフォンを落として画面が割れてしまったことはありませんか。これを正規店に持ち込んで修理しようとすると、お金と時間がかかってしまいます。そこで、スマートフォン修理業者と提携して保険代理店が修理するという企画も行っています。

業者による3日間ほどの研修が必要ですが、プラモデルを作ったことのある方でしたら、簡単に習得できます。あとは部品のキットを購入して、保険代理店でスマホ修理ができることを認知すればよいだけです。

修理代は、正規店よりは安くてお客様にも喜ばれますし、当然修理代というフィーが収益となります。ほとんどの方がスマホユーザーですから、既契約者だけでなく、保険代理店事務所の立地によっては不特定多数のお客様に対応できる可能性もあります。保険ショップでは「スマホ修理承ります」といった幟を立てるだけで来店があります。

ポイントは二つあります。スマホ修理の場合は、お客様が必ず代理店事務所まで来てくれます。修理している間は時間がありますので、普通に保険の話ができますよね。訪問販売系代理店でも、このアイテムを導入すると、お客様に来ていただいて保険の提案ができるといったスキームを自然と作ることができるのです。スマホは毎日ハードに使っているので、一定の期間で結構、壊れますよね。お客様とお会いする機会を創出する目的としてはもってこいのアイテムではないでしょうか。

もう一つのポイントは、顧客が若いということです。スマホは高校生や大学生も保有しています。高校・大学生、若い主婦、入社数年の社会人たちはスマホ修理に大きなお金をかけたくないので、こうした修理業者がいれば「わざわざ」来てくれます。しかも、対応が良ければSNSを使って拡散してくれますので、集客に困りません。

こうして来店した高校生たちにも保険の話をしています。高校生も、やがて社会人になり、親になります。いつかは保険が必要となる時に、スマホ修理業者であった保険代理店を思い出してくれるかもしれません。なかなか保険と接する機会のない高校生でも、待ち時間の間、社会勉強のつもりでライフプランの話をすれば聞いてはくれます。ここに潜在的なチャンスがあると思います。筆者はこれを「鮭の放流」と呼んでいて、「大きくなってまた帰って来てね」と思いつつ、取り組んでいます。

調剤薬局ドラッグストアのマツモトキヨシがB2Cで保険販売をスタートさせましたが、ここでも女子高校生が顧客の軸となっており、彼女たちがやがてママとなった時にマツモトキヨシで保険加入する可能性は一定数あると考えています。であるならば、高校生といった若年層への掘り起こしという長期的な保険ニーズ喚起の一助にもなると思います。

スマホの修理も、「通常だったら保険相談には絶対来ない客層に保険の話ができる場所を作る」という展開を考えつつ、保険代理店がやることでマーケット拡大につながると思います。

7 障がい者支援出張洗車

出張洗車のフランチャイズ事業もやっています。企業に出向いて、社有車や社員の個人車を手洗い洗車するというものです。

本事業は障がい者自立支援が根幹にあって、洗車に行く作業員は知的障がい者となります。彼らが直接企業に行き、車を手洗いするのです。一台単価は安いですが、知的障がい者を支援したいという企業は山ほどあって、ここから恒常的なオファーがあるわけです。

このフランチャイズ事業を保険代理店がやっています。保険外収益としては微々たるものですが、知的障がい者支援というCSRに絡めて保険代理店が取り組んでいます。

ポイントは、企業に行けることです。法人と出会えるきっかけを本事業がサポートしてくれるわけです。最初から保険の提案をするといかにも怪しいですが、何度かの洗車をやれば自然と社長と話をする機会を得て、知的障がい者支援をしている保険代理店のCSRを評価いただければ保険の切り替えにもつながる可能性があると考えています。それまで、洗車フランチャイズ企業かと思っていたら、保険代理店であったことに先方社が違和感を持たれることはないと思いますので、相見積もりくらいは容易にできると思います。いかがでしょうか。本筋はあくまで障がい者の自立支援ではありますが、結果として法人開拓につながるというアイテムになるのです。

8 散骨

おひとり様や家族に墓の世話をかけたくないという方が増えるにしたがって、最近は散骨をされる方が増えています。東京・錦糸町から徒歩圏内には散骨カフェがあり、ここで散骨相談ができますが、ご存じの方は少ないと思います。時代は進んでいますよね。

実際、保険代理店がハワイに行って散骨体験ツアーを実施しています。ハワイで散骨する場合はこんな感じになりますといったデモを体験できるので、これまで多くの方をご案内してきました。

ハワイの青く透き通った海に船で出て行き、骨に見立てたモノを実際に撒いてみて、参加者は実体験します。ロケーションが素晴らしいので、亡くなった方は間違いなく成仏されると思います。

さらに、ハワイでお墓の販売も手掛けています（**写真⑪**）。筆者は広島県尾道市にお墓がありますが、東京から行くとなると新幹線等を使って片道4時間以上かかります。費用

写真⑪ ハワイのお墓見学

も安くはないので、もしハワイにお墓があれば、どうせ墓参りに行くなら子どもたちもハワイだったら数年に一回は行ってくれるのではないかと思います。

こうしたエッジの利いた話は、人の死を扱う保険募集人だからこそできると思います。当然、散骨やお墓購入が確定すればフィーが発生しますが、単価が高いので、それなりの収益となるのも魅力です。

9 がんの早期発見をサポートする「まも〜る」

がんは2人に1人が罹患する病気ですが、早期発見できれば不治の病ではありません。早期発見のためにはがん検診を受ける必要がありますが、女性の子宮頸がん検診受診割合は、2013年と資料は古いですが、アメリカが85・0%、イギリスが68・6%、オランダが66・1%、韓国が68・7%であるのに対し、日本は37・7%と極めて低くなっています。がん検診を受けない理由としては、次の理由が挙げられます。

- 受ける時間がないから（48・0%）
- 費用がかかり経済的にも負担になるから（38・9%）
- がんであると分かるのが怖いから（37・7%）
- 健康状態に自信があり、必要性を感じないから（33・1%）

・心配なときはいつでも医療機関を受診できるから（20・5％）
・検査に伴う苦痛に不安があるから（20・1％）
※内閣府「平成26年度がん対策に関する世論調査」より

筆者はPET検診を受けたことがありますが、費用は一人10万円以上、病院に一日近く拘束され、正直面倒だったという記憶があります。

対して、手軽に健康食品を飲んで、6～8時間後に採尿し、郵便ポストに投函すると、がんであるかないかの結果が出るという簡単なスキームがあり、複数の保険代理店が当該事業、プリベントメディカル株式会社が運営する会員制のガン予防メディカルクラブ「ま も～る」を展開しています。コストは月々3240円ですので、気軽にがん検診をやってみようかという気にはなりますよね。

こうしたがん検診をお客様に提案し、がんの確認、発見された場合は早期治療ができれば、保険代理店の使命感としてもよいですよね。当然、お客様に当該スキームを提案すると、手数料も入ります。お客様の健康を守るという大義を貫くアイテムとして、いかがでしょうか。

⑩100円代行の御用聞き

御用聞きという言葉をご存じでしょうか。サザエさんに登場する酒屋のサブちゃんのように、定期的に各家庭を回り注文を取り付けることを御用聞きと言います。

この御用聞きを仕事にした会社があります。その名も、株式会社御用聞き（東京都板橋区、代表取締役古市盛久）。シニアの方が多くお住まいの団地を軸に、次のような仕事をされています。

- 家の蛍光灯が切れたので取り付けてほしい
- 今日はスーパーに買い出しに行くので、荷物を家まで持って帰ってほしい
- 家具の移動をしたいので手伝ってほしい
- 庭の草むしりをしてほしい
- 年末の大掃除を手伝ってほしい

これらのいくつかは駆けつけサービスに頼めば済むものもありますが、高いですよね。これを同社ではなんと5分間100円～300円の家事代行作業としてやっていて、彼らと提携して保険代理店が御用聞きのFCをやっているところがあります。

5分100円～300円のフィーだけでは経営としては難しいですが、蛍光灯が切れたので付け替えてほしいと依頼があり、ご自宅にお邪魔して作業完了となれば、間違いな

く、お茶が出て少しお話しできる機会を得ます。何度も来ていれば信頼感もありますので、ここで保険の話も自然にできると思います。

ポイントは、二つあります。

一つ目は、御用聞きの事業は、ご自宅を訪問し家の中に入って作業することで信頼感を勝ち取り、結果、保険等の見込み客創出ができるのです。今のご時世、家の中まで上がることは難しいですが、御用聞きだとできるのです。

二つ目は、対象者がシニアになることです。シニア層は一番お金をお持ちで、子どもや孫に関わることであればお金を使ってくれます。そのシニアから信頼を勝ち取れれば、色々な悩み事、困り事等の相談をお受けすることができ、例えば相続でお悩みであれば優秀な弁護士を紹介するなどの解決策を提案することで、お客様には喜んでいただき信頼をより増すことになり、さらに紹介フィー等も得ることができます。

全国各地に巨大で古い団地が多くありますので、マーケット開拓に御用聞きのフランチャイズ事業は効果があると考えています。

11 ブランド品の買い取り

ブランド品の買い取りも保険代理店でやっています。業者と提携して実施しますが、次のようなスキームになります。
㋐お客様のところにお邪魔する
㋑お客様が売りたいというブランド品を多方向で写真を撮ってメールで業者に送る
㋒数分後、業者から買い取り金額の案内が来る
㋓保険募集人はこの金額に自分のフィーを少しオンさせてお客様に買い取り金額を提示
㋔合意するとその場で現金を支払い、ブランド品を持ち帰る
㋕事務所に帰ったら、ブランド品を業者に送り、業者の買い取り金額を振り込めばOK
という仕組みです。

ブランド品を売りたいという方はある程度の富裕者層になります。顧客は業者から紹介されますので、フランチャイズ的な立ち位置となります。こうして、ブランド品買取業者としてお客様に接する中、保険や資産形成の話はできますよね。この仕組みを活用して、フィーを取りつつ、富裕者層と出会える機会を作るという観点で取り組んでいます。

業者によっては、ブランド品以外の家財一式を買い取るところもあります。筆者は両親が亡くなり家の家財等を処分した際に延べで数十万円のコストがかかりました。これが少しでもお金になるとしたら依頼しますよね。こうしたタイミングで家具一式買い取りの話で訪問できれば、相続対策や保険金受取りの方法などを指南することもできます。

⑫学生寮の斡旋

学生寮の斡旋にも取り組んでいます（**写真⑫**）。これは、東証一部上場の株式会社共立メンテナンスと提携して展開しています。同社は、ホテルのドーミーインで有名ですよね。同社はもともと学生寮からスタートした会社で、上場企業ということもあり、全国の保険代理店も安心して学生寮の紹介という形で提携しています。学生を支援するということで、毎年新年恒例の箱根大学駅伝のスポンサーにもなっていて、学生にとっても馴染みのある会社です。

では、どうして学生寮なのでしょうか。皆さん、全国各地から厳しい受験を勝ち抜いて大学進学されますよね。親御様にとっては可愛い子どもが親元を離れて初めて一人暮らしを始めます。マンション探しも慣れない土地で大変ですし、隣にどんな人が住んでいるか心配になりますよね。大学の学生寮も最近は少なくなっていて、安心して住める場所がなかなかないと思います。

共立メンテナンスの学生寮は、複数の大学、専門学校生等が一緒に住む学生寮になります。女性は女性専門の寮となります。住んでいるのは色々な大学、専門学校の学生であり、出身地も様々。ここで、多くの友人を作ることができるのです。

学生の財産は、いかに多くの友人を得られるかだと思います。同じ大学で友人といって

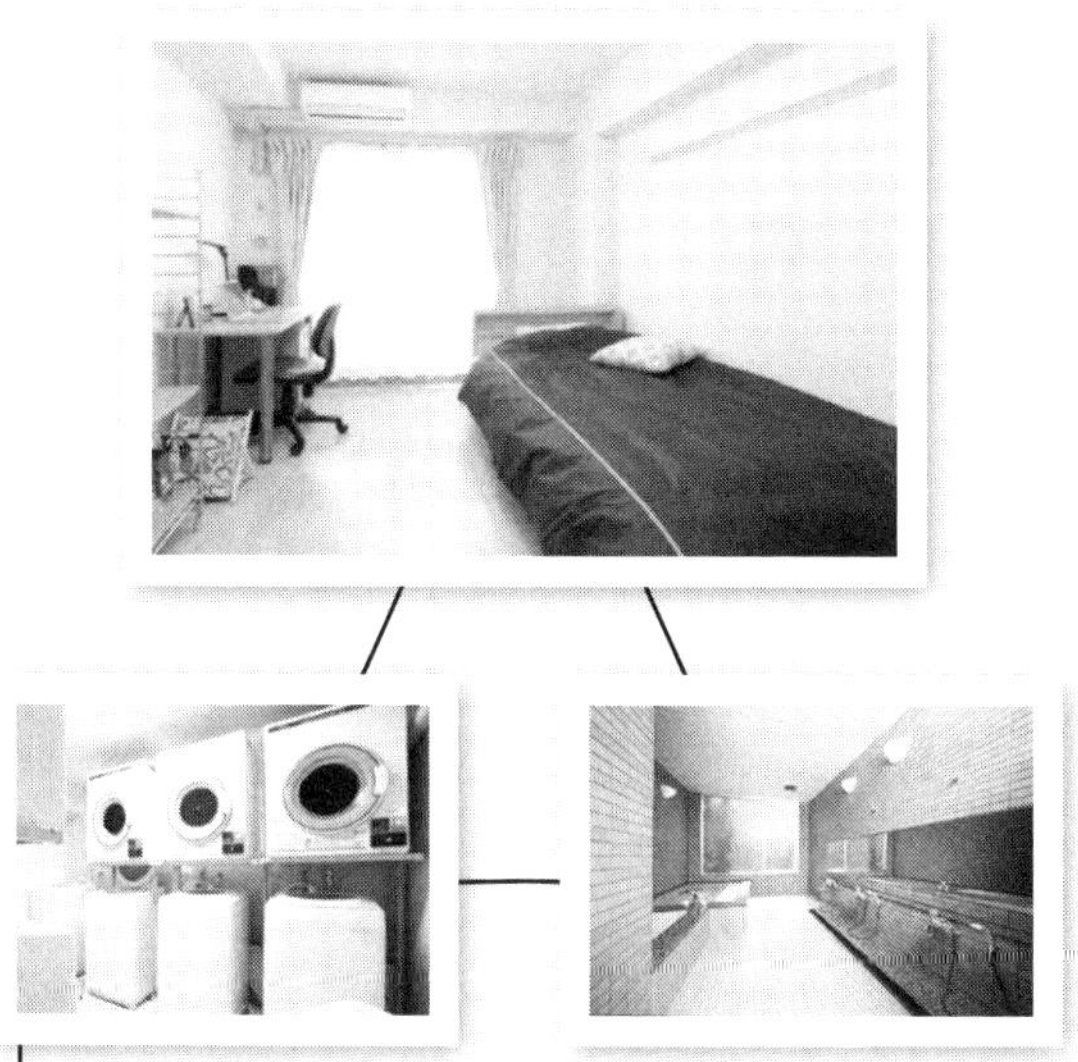

写真⑫ 共立メンテナンスの学生寮

も同じ学部学科か、サークル内でしか作れません。学生寮には1年生から4年生までが同居していて、毎年メンバーも変わります。1年生で学生寮に入れば多くの先輩と交流ができ、4年の間に多くの後輩もできます。こんな貴重な体験、なかなかできないと思います。当然、食事も出ますので、栄養バランスも安心。門限がありますので、夜遅くまで遊ぶこともできません。地方の子どもたちにとっては良い環境だと思います。若干、価格は高いですが、子どもたちの未来を考えれば安いと思います。

こうした学生寮の斡旋を保険代理店で行っています。東京在住の学生が東京の大学に進学してもこうした話にはなりません。全国各地の地元に根差す保険代理店だからこそできる業務であり、親御様にもお子様にも安全・安心を提供できます。

もちろん、進学等で慣れない土地に行くので保険のニーズは生じてきます。学生寮を紹介することで進学等の情報を確実に入手できるのですから、やらない手はありません。

まだまだ保険外収益は未曾有にある

いかがでしょうか。前述のアイテムは保険代理店が実際に取り組んできたアイテムばかりです。単純に保険外収益を得られるだけでなく、そこから保険のマーケットを開拓できるようにと取り組んできたものです。

筆者のもとには、色々な業種・業態の方がお越しになり、全国の保険代理店と提携してこんなことができないかと提案を受けます。提案をお聞きして、保険代理店にマッチするように加工を依頼します。当方が納得できるまで、加工修正していただき、ようやく、結心会が３か月に一度の割合で開催している定例会でお披露目となります。

プレゼンを聞き終わると、各地の保険代理店が業者と名刺交換し、いくつかの代理店がトライしてくれます。トライした後の経緯も業者と代理店から報告があり、さらに加工修正し、実践的なアイテムとして完成するという仕掛けとなっています。

結心会の定例会は年に4回開催され、１回ごとに8から10の新しいプレゼンを行っています。２０１８年2月開催が第37回目となりましたので、「約３５０以上にも及ぶアイテム」を世に出し、それを活用して保険代理店事業は拡大してきました。

新しい取組み提案は不思議と尽きることなくあります。これも、結心会がこの10年間、コツコツと築き上げた実績ならではと思います。ここに全国の保険代理店が勝ち残れるアイテムがあり、そのアイテムが次から次へと湧き出すように提案されるので、打つ手は無限にあると断言できるのです。

唯一無二の存在になる

全国各地の保険代理店、保険募集人の皆様、あなたはお客様から何かあったら確実に、あなたにお声かけがありますか。「何かあったら、全て私のところに話が来る」ようにすることが肝要です。

- 車を買いたいので、ディーラーや中古車販売店を紹介してほしい
- 車検を受けるので整備工場を紹介してほしい
- 車を擦ってしまったので板金工場を紹介してほしい
- リフォームしたいので工務店を紹介してほしい
- 庭の手入れをしたいので庭師を紹介してほしい
- ちょっと訳ありの税務相談をしたいので、セカンドオピニオンとして遠くの税理士を紹介してほしい
- 海外旅行に行くので旅行会社を紹介してほしい
- ペットを飼いたいのでペットショップを紹介してほしい　等々

これらの問い合わせは日常茶飯事に起こり得ます。常にお客様に寄り添い信頼されている代理店であれば当然ですよね。でも、家電を買いたいといったエッジの利いた話が来るとは思いません。エッジの利いた色々なアイテムを取り扱っていれば、「もしかすると、

あの人に連絡すると、これもやってくれるんじゃないか」という行動につながります。

そのために、想像できないようなことをやっていると「見せる」ことが大切です。保険代理店業務に付随した在り来たりのアイテムでは当たり前の範疇を超えられません。当たり前が当たり前でなくなっている今、こうしたアイテムから変えていく必要があるのです。意識改革のつもりで、前述のどれか一つでもチャレンジしてみることをお勧めします。

4 お客様にとってオンリーワンになる

「何かあったら何でもあの人に連絡したら大丈夫。あの人は頼りになる人だから」といって紹介があるようになれば、間違いなく、お客様にとってオンリーワンになった証拠だと思います。

私たちは唯一無二の存在になることでしか勝てません。人は常に一対一の対人関係を崩しません。「一人ひとりのお客様の顔がわかる」ことが肝要です。「固有名詞から離れない」ことが大切なのです。徹底的なカスタマー・インこそが勝ち残れる手段であり、徹底した川下戦略で川下を完全に押さえ、地に足を付け、根を張る行動をする時が到来しています。

今また「人の時代」がやってきています。筆者はこの13年間、保険ショップ事業とともに保険業界を歩んできました。不特定多数のお客様と接することで、お客様の大切さを痛感し、常にお客様のために何ができるかを考え、実行し続けてきました。お客様に多くの事を教えていただいたと感謝しています。この感謝の気持ちを持って、もう一度、お客様に徹底的に寄り添うことで、お客様のオンリーワンになれると確信しています。

２０１８年２月の結心会・定例会でご講演いただいた第一勧業信用組合の新田信行理事長から、色々な取組みを紹介していただきました。第一勧業信用組合は２７０種類にも及ぶコミュニティローンを有しており、無保証・直接融資の「芸者さんローン」で一躍有名になった信用組合です。

格付けや業績よりも「人」であり、事業を見る目利き力をカギとして、中小企業や個人への事業性ローンの基本として無担保ローンを採用されています。非常に参考になるお話しをいくつかいただきましたので、ご紹介したいと思います。

まず、同組合は、プロダクト・アウトという「金融機関本位、顧客軽視」の世界から逸脱されています。例えば、サイコロを振って「一」の目が出る確率は、サイコロを振る回数を増やせば増やすほど6分の1に近づくように、事例を増やせば増やすほど、平均値が真の平均値に近づいていきます。これと同様に、より多くの人に貸すほど、その中から一定率の人たちが返済不能に陥っても全体の収益で損失をカバーできるという大数の法則に基づく金融手法は、顧客一人ひとりの顔よりも、ポートフォリオを考えて融資しているものであり、信用組合が入り込んではならない世界であり、あくまでも顧客はコミュニティの一員である「あなた」であり、ローン商品も「あなたのための」ローンであるという価値観が必要と説かれました。

また、「若者・女性を応援する組合」「地方と東京を結ぶ組合」「食文化を支える組合」「街づくりに貢献する組合」の2016年度の4つの重点施策もご紹介いただきましたが、それぞれが徹底的なカスタマー・インとオンリーワンにつながるものでした。

私たち全国各地の保険代理店・保険募集人も、お客様に軸足をしっかり置いて仕事をしていかなくてはなりません。

保険募集人の中には名刺にMDRTといった表記をされている方がいらっしゃいますが、そのうちの何人かは、何を目指しているのか少し疑問に思うことがあります。お客様にとって募集人がMDRTかどうかって関係あるのでしょうか。顧客目線でないからこそ、こうした名刺を作って自己満足しているだけなのかもしれません。

お客様一人ひとりの固有名詞から離れず、いつも「あなた」のそばに寄り添い、「あなたのため」に最高の保険商品を提案し、さらには何十年にもわたってアフターフォローをしっかりして、保険に加入されたお客様から、例えば「先日主人が亡くなって保険金を受け取ることができ、これで老後の設計もできました。長い間、お世話になりました」と言われる存在にならなければいけません。

筆者は定期的に日本航空安全啓発センターに見学に行きます。皆さんは行かれたことがありますか。

日本航空安全啓発センターは、1985年8月12日、JAL123便JA8119号機が御巣鷹山の尾根に墜落し、520名の尊い命が失われた事故の教訓を風化させないようにと、羽田空港近くに建てられた施設です。ここには墜落した残存機体や現場写真等が展示されていますが、その中に遺書も展示されています。この遺書を拝見するために定期的に足を運んでいるのです。

混乱した機内でおそらく多くの方が遺書を綴られたと思いますが、そのうちのいくつかが奇跡的に残りました。ほとんどはお子様と奥様の名前が書かれていて、奥様宛てに子どもたちを頼むという悲痛な祈りが書かれています。お子様や奥様、多くの家族を残して亡くなった方々は、どれだけ無念だったかを想うと胸が痛みます。

でも、万一、亡くなった方が保険に加入されていなかったらと考えてみてください。おそらく住む家がなければ奥様の実家に帰り、奥様は働かなければなりません。お子様の夢も、もしかすると達成できなくなるかもしれません。そんなことになれば、それこそ、亡くなったご主人には死んでも死にきれない悔いが残ると思います。

全国の保険募集人は、こうした場合に、残された家族を守る使命を帯びて、保険を販売しているのです。

保険は「ラスト・ラブレター」です。天国のお父さんが最後に家族に残した愛のメッセージが保険なのです。この保険を販売する保険募集人は、この想いを忘れてはいけません。

皆さんは非常に尊い仕事をされているのです。この想いを忘れないようにと、筆者は定期的に日本航空安全啓発センターを訪問しています。こうした想いが、お客様にとってのオンリーワンにつながると考えています。

「あなた」のために、今日もお客様と一緒に遺書を作っている気持ちで保険提案をしていこうではありませんか。

5 地域連携でオンリーワンになる

保険代理店は、地に足を付け、地域に根差して、徹底的なカスタマー・インで仕事をしています。それゆえに、地域の色々な「コト」とつながることで、付加価値が高まると考えます。

金融庁が求める「質」とは、付加価値の創出であり、「どういう人と組んで、どういうモノを作るのか」にかかっています。そして、最も重要なことは、付加価値はコラボでしか生まれないということです。外部との連携をいかに作っていけるかが、地域でオンリーワンになれるかのポイントです。

世田谷区との連携

結心会は、世田谷区DV防止ネットワークおよび世田谷区要保護児童支援全区協議会の委員として活動しています。

例えば、損害保険を扱う保険代理店が自動車保険の更改手続きでお客様のもとにお邪魔したとしましょう。昨年まではシングルマザーだったお客様の自宅を訪問したら、家の中に男性がいて子どもが凄い勢いで泣いていたとします。この男性はもしかして新しいパートナーかなと思いつつ、子どもの異常な泣き方を見て、もしかして虐待されているのではという思いを持ったら、結心会に連絡すれば、結心会から世田谷区に通報し、世田谷区が調査をし、虐待が発見されると児童を保護するというスキームとなっています。家族や周辺の方はなかなか言いづらいと思いますが、たまにしか来ない外部の者でしたらできることだと思います。

あるいは、生命保険の新規契約でお客様のご自宅にお邪魔して、保険の話を1時間以上したとしましょう。その際、3歳くらいの女の子が部屋の片隅に正座して黙って座っていたとしたら違和感がありますよね。親に尋ねると「しつけ」と言われると思いますが、これも虐待と考えています。この場合も、おかしいなと思ったら、結心会に通報いただければ結心会から世田谷区に通報し、万一の場合は児童が保護されることになります。

このような活動もお客様と寄り添う保険募集人だからこそできる仕事であり、これを世田谷区と提携し活動しているのです。

さらに、世田谷区内にある保険代理店事務所や保険ショップを世田谷区の「お休み処」として毎年7月から9月の3か月間、提供しています。

この季節は熱中症が心配ですよね。暑い中買い物に出かけたが、帰宅途中に気分が悪くなった場合を想定して、世田谷区が「お休み処」を作っていて、この場所として保険代理店事務所、保険ショップを提供しているのです。

お休み処に来店されたお客様には、冷たい飲み物をお出しして、ゆっくりクーラーの効いた場所で休んでいただきます。目印として「熱中症予防　お休み処」と書かれた黄色の幟が期間中立てられ、区民には毎年「せたがや涼風マップ」という冊子が配付されます。この中に保険代理店の名前が書かれているのです。

このように地域で保険の仕事をしている以上、地域に貢献することにも積極的に取り組んでいるのです。こうした活動が、他の代理店との差別化、そして地域のオンリーワンにつながると考えています。

地域に密着したイベントを開催

神奈川県茅ケ崎市にある保険ショップは、地域とのふれあいを考えた店舗作りをしています。保険ショップは通常、保険相談ブースがあるだけですが、この店舗にはギャラリースペースが作ってあります（**写真⑬**）。ギャラリーを活用して、地元の幼稚園児の作品展示会や地元アマチュア写真家の写真展示会などを開催しています。

地元のアマチュア写真家が展示会場を借りてやろうとするとお金がかかりますし、集客

写真⑬ 保険ショップの一角をギャラリーに

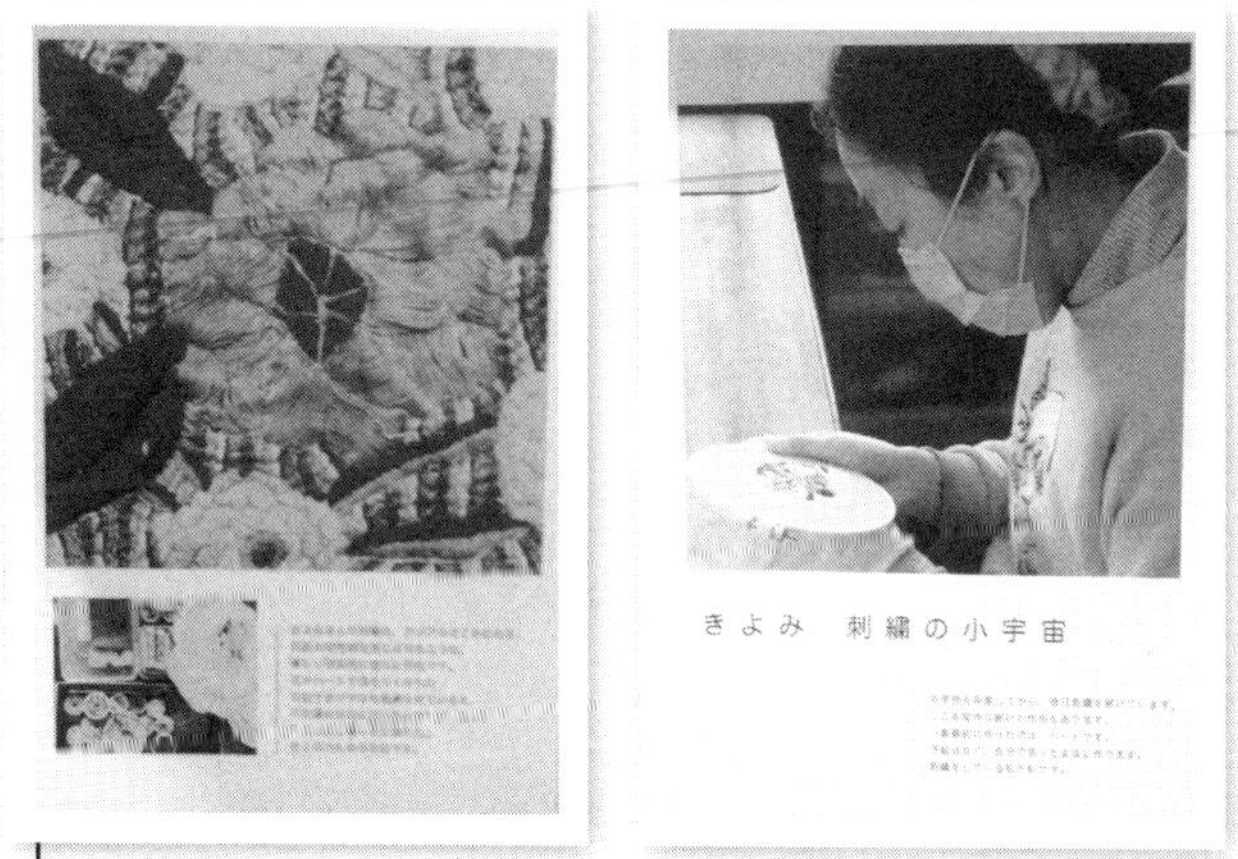

写真⑭ 刺繍展

も限られます。集客については、商業施設内出店の保険ショップであればたくさんのお客様が店舗前を通り過ぎますので、こうした方が意外と足を止めてご覧になっています。そうすると、何十年ぶりに会う方もいて、出展者と見学者で昔話に花が咲くといった光景もよく見られます。

費用は当然無料です。幼稚園児の作品展を開催すると遠方からおじいちゃん、おばあちゃんが来店され、嬉しそうに孫の作品をご覧になっています。こうした方々の「楽しい」というオーラが店舗から発せられると自然と集客につながるのです。

茅ケ崎の店舗では、ギャラリーの第一弾として地元の知的障がい者の方の刺繍展を開催しました（**写真⑭**）。一針一針、気の遠くなるような作業で作られた刺繍には圧倒的なインパクトがあって、多くの方が来店されました。地域の障がい者施設の方も見学に来られ、地元のテレビ局も取材に訪れ放送されました。

地域に根差した活動は自然と多くの人を寄せ付けるのだと確信した瞬間でもありました。こうした展開が地域オンリーワンを創出するのです。

地域密着の保険を創る

ふるさと納税花盛りですが、「ふるさと保険」を創る企画はいかがでしょうか。前述の少額短期保険業者と一緒に新しく保険を創ることはできるのです。地元のお祭りを題材にしたらふるさとを想う全国の出身者が保険加入してくれるかもしれません。

筆者は広島県三原市の出身で、町のお祭りというと夏に開催される「やっさ踊り」を思い浮かべます。やっさ踊りは、海に浮かぶようなお城だったので浮き城と呼ばれた三原城の築城を祝って始まったと伝わるお祭りで、8月の第2日曜日を含む3日間にわたって開催される三原市最大のお祭りです。中学生の時は授業でやっさ踊りの練習をして「三原三中やっさ隊」として参加、大通りを踊り歩いた記憶があります。

では、この三原市で「やっさ保険」を創ったらどうでしょうか。補償内容は夏祭りに向け練習しますので、万一のケガに備えて傷害保険をベースにしてみましょう。海が近くて海水浴や釣りに出かける機会も多いので、海でのケガは2倍補償にしてみましょう。

できるかどうかは別にして、契約者が一年間一日平均1万歩歩いたら保険料の一部がやっさ踊りの運営資金になるとしたら、三原市を離れて全国に住んでいる方も保険加入して、町おこしに協力したいと思われるのではないでしょうか。

付帯サービスとして、筆者のように三原市にはもう住んでいた家もないような人には、市が民泊を斡旋してくれるとか、やっさ踊り大会を特等席で見せてくれれば、より加入者は増えると思います。こういう付帯サービスがあれば、久しぶりに故郷に帰って懐かしいやっさ踊りを踊ってみようかということで、多くの方が三原に行ってお金を落としてくれます。加入者だけの専用サイトがあって三原の絶景ポイントがインスタグラムで紹介されれば、郷愁をさそって多くの方が参加されるでしょう。「保険を通じて地域の町おこし」が実現できるわけです。

こうした展開に保険は活用できるのです。自治体とも絡めた保険という社会性の高い商品を活用した町おこしができ、全国の三原市出身者の保険代理店が販売できるとすれば、差別化になり、地域連携でオンリーワンの存在になれると思います。

6 保険代理店としての「質」の担保

金融庁は保険代理店の「規模」でなく「質」を重視するよう指導を始めています。規模が大きいから代理店手数料が高いというのはおかしいとして、顧客対応やアフターフォローなどお客様が対価性を認知できる「質」によって支払うべきだとされ、保険会社は個々マターで「質」とは何かを模索し始めています。

「質」については、金融庁や生命保険協会のガイドラインの発表を待てばよいと安穏と考えられている方もいるかもしれませんが、こうした指針が出ることはありません。ガイドラインが発表されたら、結局、それだけしか取り組まないですよね。したがって、個々の代理店が、個々に考えた「質」を創り上げていかなければなりません。

ここでは、筆者が考える「質」について、いくつか提示したいと思います。

1 ホームページ

「質」は顧客から「見える」必要があります。そのためには、顧客が簡単にチェックできるホームページは最低ラインでしょう。まさか、保険代理店でホームページもないというところはないと思いますが、あったとしても、いかにも保険会社作成のワンパターンというところがまだ多いように見受けられます。

ホームページには、社長の理念をしっかり書くことが大切です。この代理店はどんな想いで仕事をしているかは社長の理念を読めばわかります。ホームページ上に社長の理念がない保険代理店で保険加入する人は今後いなくなると思います。

さらに言えば、3年後の中期ビジョンといった具体的ビジョンを社長自らがホームページ上で示すことも大切です。お客様はもちろん社員もホームページは見ます。具体的なビジョンを描けない企業に魅力はありません。きちんと表記することで人の採用にも役立つと思われます。

さらに、体制整備が叫ばれている以上、組織図を掲載し、コンプライアンス委員会、リスク管理委員会等々の位置づけをしっかり表記すべきです。お客様は組織図を見ることで、体制整備ができているか否かをチェックできるようにすべきです。

さらに、決算報告も掲載しましょう。保険に加入する先の代理店が赤字なのか黒字なのかは、顧客にとって大きな決め手になります。

ホームページは顧客からその代理店を見るには最も簡単な方法です。代理店サイドも取り組んでいる内容等を顧客に発信できる場所だと考え、常に情報発信して、既契約者もホームページから保険リテラシーが高まる教育が受けられようにするべきだと考えます。

❷内部監査

体制整備にあたって求められるＰＤＣＡサイクル。これを回すためには、「Ｃ」（チェック）が大切になります。これを自社内でできる代理店はなかなかないと思います。保険会社の社員を雇用してコンプライアンス責任者にしている代理店も多いですが、同じ人を使うと視点がいつも同じになりますので限界が生じます。

したがって、この一番肝心な「C」は「外部」に委託すべきでしょう。内部監査を専門としている業者は少しずつ増えてきていますが、外部に委託するなら保険とは全く関係のない地元の士業に依頼されてはいかがでしょうか。

年に1回、士業の方がチェックに入り、問題点を指摘して帰ります。「C」を受けて代理店では議論を重ねて解決策を講じ、次の「A」に移るというスキームです。士業は毎年人が代われば視点も異なる指摘となり、新たな「C」を発見できると思います。しかも、司法書士や弁護士など法律の専門家が監査してくれます。保険代理店も法人であれば会社法を遵守しているかも要チェック項目です。取締役会の議事録すらない代理店は、保険業法以前の段階でアウトです。

内部監査は、保険を扱う代理店であれば、規模に関係なく、毎年実施しなければなりません。ゆえに外部委託しか方法はないと考えます。体制整備のPDCAサイクルは保険代理店の存続の基幹となるものですので、間違いなく実行してください。

3 代理店賠償責任保険加入は必須

2017年12月、保険代理店向けの新しい一般社団法人が設立されました。その名称は一般社団法人全国保険代理店会。金融庁から代理店としての「質」を求められる中、保険代理店すべてが職業人賠償責任保険「代理店賠償責任保険」に加入できれば、お客様に対して「質」の見える化になると考えて作られました。

保険に加入できる対象は、次の通りです。

㋐生命保険代理店

㋑少額短期保険代理店

少なくとも、㋐、㋑の代理店は、個々で保険会社に依頼して個別に加入している代理店もありますが、限られた数しかないと思います。

㋒兼業代理店（不動産業、旅行代理店業、自動車整備業・板金業、中古車・新車販売業者等々本業があり付随して保険代理店業をされている方々）

㋓小規模零細損害保険代理店や店主老齢損害保険代理店

㋔ＦＰ、税理士等で保険代理店を営んでいる方

㋕企業の機関代理店

㋖銀行代理店

㋒、㋓、㋔、㋕、㋖の代理店も、代理店賠償責任保険に加入する機会が限られていると考え、対象としました。

要するに、保険代理店であれば「どなたでも」加入することができます。誰でも加入で

きるようになったため、保険代理店を営む方は、自賠責保険と同様に強制保険的意味合いで加入されるべきだと考えています。

従来は誰でも加入できなかったので、加入していないで済んだ代理店賠償責任保険が誰でも加入できる保険となった以上、加入していないということは、その代理店は他の代理店よりは代理店としての質が低いと解釈されても仕方がないと思います。

補償内容は次の通りになります。

「保険代理店が、損害保険代理店、生命保険募集人または少額短期保険募集人の業務に係る行為に起因して、日本国内において、⑴訴訟（和解、調停または仲裁による場合も含む）により損害賠償請求された場合、⑵所属保険会社から求償された場合に保険金支払いの対象となります。」

代理店賠償の過去の事例をいくつか紹介しましょう。

【代理店賠償のケース①】

代理店にて、火災保険の契約時に保険金額を1000万円と設定し、その後、建物全焼し、この保険金は全額支払われたが、評価の基準となる平米が本来よりも少ない建物面積となっていたため、実際の保険金額は1000万円以上の契約が可能だったとして代理店を訴えたという事案。結果、和解が成立して代理店が契約者に約５００万円を支払った。

【代理店賠償のケース②】

逓増定期保険の解約返戻金について、失効させるという前提での解約返戻金額を案内していたが、失効手続きとはせずに払済にしたため、実際の返戻額が大幅に減少することになった。これにより、当初案内の金額と実際の返戻額との差額を補填するよう訴えられたという事案。結果、損害が認定され、約２００万円を代理店が支払った。

【代理店賠償のケース③】

雨による水害で損害が発生。契約当初より水災不担保であったが、契約者は水災を担保する旨、意思表示していたと主張。損害について賠償を求められた事例。結果、損害認定され、約１７００万円を代理店が支払った。

いかがでしょうか。こうした場合に職業人賠償責任保険としての機能が発揮されるわけです。てん補限度額は、1事故1億円または3億円を準備。保険期間中15億円までの補償となります。ただし、免責金額は１００万円となり、ペティ・クレームについてはお支払いしないように作りました。

保険加入したい場合は、まず、一般社団法人全国保険代理店会に入会いただきます。入会金ゼロ、年会費は規模を問わず1代理店1万800円になります。保険料は売上（手数料）をベースに算出しますが、最低保険料は保険金額1億円で年間保険料1万円、保険金額3億円で2万円になります。売上が年間3000万円未満でしたら、年間2万円程度で加入できます。

ホームページから「入会」及び「代理店賠償責任保険申込手続き」ができるようになっていますので、ぜひ、ご活用ください。

〈代理店賠償責任保険のお問い合わせ先〉

一般社団法人全国保険代理店会（https://www.zendaikai.com/）

4 社員教育

社員一人ひとりの質が低ければ会社全体の質が低下してしまいます。そのために会社として積極的に社員に資格取得や外部研修を受けるよう指導していく必要があります。

資格取得も外部研修もコストがかかります。したがって、代理店がこの資格は必ずお客様のお役に立つものだと判断し、資格取得にかかる費用の半分を負担したり、外部研修の場合は個々の募集人からなぜ受けたいかを申請してもらい、セミナー代と交通費全額を負担するといったシステムを構築しなければなりません。

企業は人です。情報は刻々と変化します。最新の情報を常に入手し、お客様に伝えることで、代理店としての質が担保できると思います。

では、どの資格、どの研修が役立つのか。これについては従来色々な機関が研修をやっていますが、今、一つのプラットホームにして、ここで一括して資格、研修を展開しようという動きも出ています。筆者からも推薦したいいくつかの資格や外部研修がありますので、関心のある方は、お声かけください。

ここでポイントを一つ。

「当社は社内研修が充実しているので外部研修は受けない」という代理店にたまに会いますが、それは考え直してみる必要があるでしょう。「顧客からその研修が見えますか」。

昔、某保険代理店が研修所を作って、社員を缶詰にして勉強会を繰り広げていましたが、お客様からは、隔離して代理店が売りたい商品をいかに売るかの勉強会に過ぎないと非難されていました。「顧客から見えない」とそんな結果になるのです。

外部研修は終了後「報告書」が上がってきます。

いかに積極的に参画していたか、理解度テストの結果はどうだったか等の報告があれば、ホームページ上で、○○研修に誰が参加し○日間でこんなことを学んだとアップすることもできます。研修の模様の写真を業者からもらえれば臨場感のある研修風景をアップでき、これをお客様がご覧になって、こんな研修を受けた社員に保険相談に応じてほしいという依頼もゼロではないでしょう。

大切なのは内政化するのではなく、外部に依頼することです。「質」とは、外部とのコラボでのみ実現できることを腑に落として取り組んでみてください。

5 ロープレ甲子園

結心会主催で毎年8月中旬に開催しているのが、ロープレ甲子園大会です（**写真⑮**）。全国各地の保険代理店から、保険募集に携わって2年未満の方を対象に参加いただいているので、フレッシュさを表現するために「甲子園」と命名しています。ロープレ甲子園は毎年開催で2017年までで7回開催しています。一度お客様が来店されて個人情報を入手したとする前提で、それを出場者に送ります。出場者はその内容からお客様のリスクを分析するとともに意向を把握し、こんな保険商品が適するのでないかと色々と考えて準備をして会場に来ます。会場には舞台が設定されていて、お客様役の方と出場者が真剣勝負を繰り広げるという企画です。

写真⑮ ロープレ甲子園

お客様役は、毎年「素人」の方にお願いしています。保険業界にいる方だと変な助け舟を出してしまいますので、設定に近い人にお客様役をお願いしています。当然、事前打ち合わせなど一切しないで、ありのままの姿で対応いただいています。

保険募集人は二度目の設定ですが、初めて会うお客様役の方を相手に一人25分程度話をします。多くの見学者がいる中、舞台上でスポットライトを浴びつつロープレが実施されますが、自然体で話ができるわけはなく、出場者の皆さんが緊張で手が震えるのがよくわかります。こうした緊張感、臨場感があるので見学者も同じ保険募集人になった気持ちで観戦することができ、全員が同じ呼吸をしているのがわかります。

普段、ロープレの研修はよく行っていると思いますが、社内のいつも同じ相手では気が緩みますよね。ロープレ甲子園は、そうしたことが全くない真剣勝負のロープレ練習の場として活用されています。

審査員にも、保険に関係のない方を選んでお願いしています。企業の社長さんやサービス業の責任者など、保険業界とは別のサービス業の方々に「自社の社員だったら」という視点で審査してもらい、コメントを頂戴しています。

このコメントが秀逸で、他では決して聞けない内容が多く、いつも参加している筆者も、これが楽しみで毎年開催しているといっても過言ではありません。

審査委員長は、ソニー・プルデンシャル生命創業時第一号ライフプランナーで保険業界のレジェンドと言われている人見輝也氏にお願いしています。人見さんのコメントは毎回凄くて勉強になります。

こうした素晴らしい方々から自分のロープレについてコメントがいただけるという最高のプレゼント欲しさに毎回4名から5名の出場者がチャレンジされています。

こうした場に、社員を積極的に参加させることも「質」の担保に前向きな代理店という評価につながると考えます。

複数の保険代理店が一堂に会してロープレを披露するという場は、ロープレ甲子園以外にはありません。保険代理店が長年培ったマル秘テクニックがまとめて聞けるチャンスはありません。

しかも、この模様をDVDにして販売しています。DVDは4時間にも及ぶ大作ですが、社内研修に活用されている代理店が多くあります。ロープレ甲子園DVDを見ながら社内研修している写真をホームページに掲載して、お客様に研修の見える化に活用することもできますよね。

2018年も夏に開催しますので、結心会のホームページを毎日チェックして、ぜひ、社員を出場させ、見学に多くの社員を行かせてください。

6 CSR

・ユニバーサルアート

ユニバーサルアートとは、知的障がい者の方が書かれた画を会社事務所の応接に飾ってもらい、リース料をいただくことで、自立支援するという企画です（写真⑯）。数年前から結心会として取り組んでいて、ボリショイサーカスが日本に来た際には200名の知的障がい者をサーカス観覧にご招待して、サーカスを体感いただくというイベントに協賛しました。

サーカスを観覧した方に画を書いてもらいましたが、どの画も生き生きとしていて、素晴らしい作品ばかりでした。一度だけ観覧したサーカスの一場面を覚えていて、何もなしで画が描かれていて凄い才能だと驚きました。

この画の展覧会を横浜で開催し、優秀作品を参加者で選び、表彰しました。表彰式に参加された障がい者の方は晴れの舞台で目が輝いていて、同席された家族の方も皆、笑顔で、こうした場を創出することの大切さを実感しました。

その後、これらの画は、結心会所属の全国の保険ショップを活用して巡回展示を実施し、千葉県、神奈川県、大阪府、福岡県等々で披露し、多くの見学者に来店いただきました。

写真⑯ ユニバーサルアート

こうした取組みは、地に足を付け、根を張る保険代理店には適したCSRだと考えています。地域に寄り添う代理店だからこそできることで、それが代理店の「質」として評価されると考えています。

・キャンサーペアレンツの会

キャンサーペアレンツの会は、自身がステージ4のがん患者である西口洋平代表が作られた会で、全国各地のがん患者と家族をネットでつなぎ、お互いの情報を共有されています。2018年2月開催の結心会・定例会に西口代表をお招きし、ご講演いただきました。全国に西口代表と同じ境遇の方がたくさんいらっしゃって、会員数は1300名にもなります。保険代理店でできることには限界があるかもしれませんが、マネタイズ（収益事業化）のご協力や会の告知等の一旦を担わせていただければと考えています。

保険代理店は当然のようにがん保険を販売しています。西口代表も生命保険に加入されていますが、それまで頻繁に連絡があった保険募集人から、ご自身ががんになられた以降は全く連絡がなくなったとお聞きして、残念でなりませんでした。せめて私たちは、いつまでもお客様に寄り添うことを貫きたいと考え、当会を支援することを決めました。

西口代表の熱い想い全てを理解することはできないまでも、地域で保険募集に携わる者としてできることは何でもやろうと考えています。

こうした姿勢が「質」につながることに異論のある方はいらっしゃらないと思います。

あとは「やるか」「やらないか」、それだけです。

7 保険募集人という人間としての「質」の担保

保険代理店の「質」とともに、保険募集人個々の「質」も求められています。「人としての資質」は、やはり教育や経験でしか生まれません。

保険に付随する既存の資格や研修は多々ありますが、その中には陳腐化しているものもあります。また、直接、お客様と接していない教育機関等が作成した研修では、お客様と募集人の間にある溝はわかりません。

そこで、過去の資格、研修はいったんすべて捨て去って、新たな研修等を外部から積極的に採用すべき時が来ているのではないでしょうか。

海外金融学習ツアー

結心会では数年前から募集人の知識の幅を広げるべく、海外金融学習ツアーを実施しています。前述したハワイに行って散骨体験をしてみるとか、ハワイのお墓を見学し実際に購入してもらうとか、ハワイの不動産事情を勉強するために日曜日に売りに出ている不動産の見学や、ハワイの銀行に口座を開設するといったことも体験してきました。

百聞は一見に如かず。やはり直接足を運んで見て聞けることは、知識の肥やしになります。お客様にもリアル感を持ってお話しができることで伝えることができます。

2017年7月には、富士生命を買収したFWDグループの香港本社に出向き、FWDグループのCFOほか、多くの幹部スタッフの方々と2日間にわたって保険販売の今後について意見交換しました（**写真⑰**）。

最近は、タイ・バンコクツアーも開催しています。バンコクには多くの日本人もいらっしゃって、バンコクのプロサッカーチームで活躍している選手やセパタクローの日本代表選手にもお会いするなど広く交流しています。バンコクでは不動産の見学や、バンコクで現地法人を起ち上げ活躍している多くの企業を訪問してレクチャーをいただいたり、バンコクに支店を開設している日本の保険会社を訪問してタイの保険マーケットについて説明してもらったり、バンコクの銀行に口座開設をしてみたり、バンコクの証券取引所を見学

写真⑰ FWDグループ香港本社でのミーティング

したりと、多くの体験を積んでいます。海外の金融・保険事情を知ることで、海外から見た日本の金融・保険を改めて検証する機会となりました。

こうした体験は、座学で複数日研修を受けるよりはるかに役に立ちます。また、こうしたエッジの利いた話は、お客様も求めています。これまでも保険会社主催の海外コンベンションは開催されてきましたが、褒賞旅行で費用は出してくれるけれど遊ぶだけというものばかりでした。せっかく海外に行くのであれば、こうした学習をしてもらえれば、間違いなく保険募集人の「個」としての「質」は上がると考えています。

海外金融研修は結心会で定期的に開催していますので、関心のある方は結心会ホームページをよくチェックしてみてください。

外部研修でなければ意味がない

保険募集人の「個」としての「質」を高める研修は、内部でいくら取り組んでも効果は限定的です。「また、いつもの講師」「社内だし適当に」と、すでに始まる前から保険募集人に見限られている内容ばかりだからです。

緊張感を持って、他の保険代理店の保険募集人と一緒に、できれば地域を超えた募集人と接することでしか自分の「質」を高めることはできません。人にいくら言われても人は変わりません。「自分自身で気づく」ことでのみ、人は変わることができます。であるならば、外部研修を活用することです。

一週間泊まり込みの特訓的な研修もありますが、短期間のものを何度か繰り返しながら受け、常に自分に気づきを得ることが肝要です。

結心会では、会員同士で一緒になってロープレ研修を実施しているところもあります。いつもとは違う顔ぶれで行うロープレ研修は、他の保険募集人には負けないという気迫も伝わってきて、ピシピシと音が聞こえる感じです。

例えば、A代理店のBさんがC代理店の保険ショップに行って3日間程度研修するという研修も行っています。普通ならできないことですが、結心会会員同士ということで無理を聞いていただいています。A代理店とB代理店では日常の行動規範も異なり、お客様への対応ぶりも意外と異なりますので、1日いるとよくわかります。Bさんは胸に研修生という表示をして保険募集には直接携わらず、お客様回りの接客重点で参加してもらいますが、C代理店のスタッフがお客様とどういうやり取りをしているかはわかりますので、実践的で参考になるものだと思います。

この逆もやっています。代理店同士がお互い培ったノウハウを惜しげもなく見せ合うという研修です。店長クラスの方でも多くの気づきを得ることができ、自社の保険ショップに帰って即実践して成果が上がったという話もよく耳にします。

志のある代理店同士の連携を軸にした実践的な外部研修。こうした研修こそ、身に付き、腑に落ちる研修であり、ゆえに「質」が向上するのです。

8 打つ手は無限にある

いかがでしたでしょうか。保険代理店・保険募集人が勝ち残るためのいくつかの具体的事例を紹介しましたが、少しはお役に立てたでしょうか。前述したものは、氷山の一角にしかすぎません。まだまだ、保険外収益アイテムや保険マーケット拡大に役立つマーケットシェアの提案等はありますし、増えてきています。

しかし、待っていては来てくれません。今の時代、「攻める」ことが肝要です。多くの代理店が「守り」に入っている時だからこそ、攻めに転じれば、ブルーオーシャンが待っているのです。

保険代理店「個」の力では限界があります。全国の保険代理店が集結し、志のネットワークを構築しなければなりません。今こそ、しっかりした方向軸を持った羅針盤が必要で、高みを極めるためにも優秀なコーチを招へいする必要があります。

それを誰に求めるべきかを改めて考えてみてください。誰と組むかを決め、何をすべきかを理解し、腑に落として、全幅の信頼を持って羅針盤の示す方向に攻め進むことで勝ち残ることができます。勝ち残るか、保険業界から去るのかの岐路に皆さんは今、立っています。皆さんの間違いのない選択を祈っています。

徹底したカスタマー・イン

100円ショップのダイソー（株式会社大創産業）の矢野博丈会長がテレビでこんな発言をされていました。

ダイソーのアイテム数は約7万点。とにかく次々に商品を作り、値段以上の価値でお客様を飽きさせないよう工夫されています。毎月投入される新アイテムは700点と、全7万点の1%を変化させているのです。メーカーとの打ち合わせは真剣勝負で、ダイソーで売ってもらうためには10回以上の直しがあるそうです。

テレビの中で印象的だったのは、「お客様に不利なことは大きくわかるように書くよう」メーカーに指示されていたことです。有利なことは小さくてもよいが、お客様にとって嫌なことは大きく書くよう指示されていました。モノが1個100円ゆえの、徹底した川下戦略だと感じました。

また、ダイソーの店舗も紹介されていましたが、お客様がいらっしゃる中で、売れ筋の商品を前に出したり、商品の分類を変えてみたりしていて驚きました。「商い」とは「飽きない」と昔から言われています。「飽きさせない」「来るだけでワクワクする」とお客様に言わせるほどのカスタマー・インは参考にしなければなりません。

お客様も常に変化します。したがって、我々も同じかそれ以上で変化しなければお客様に選んではいただけません。その根底は徹底したカスタマー・インであることを腑に落としましょう。

保険代理店も持続可能性がポイントに

保険代理店も企業であり、お客様を守り、社員を守るために5年、10年と永続していかなければなりません。

金融庁が金融機関に持続可能性を求め、独自のビジネスプランを立てるよう指導していますが、保険代理店も同じです。そのためには、地域の「人」に徹底的に寄り添うとともに「地域そのもの」に寄り添うことが大切です。

前述の茅ケ崎の保険ショップは、地元の知的障がい者の作品を保険ショップ内に作ったギャラリースペースを展開したり、地元の幼稚園児の作品展やアマチュア写真家の写真展等を開催するなど、人だけでなく街にも役立つ展開をしてきたからこそ、保険ショップとしての13年間（2018年2月の段階）も同じ場所で同じ保険代理店がスタッフもあまり変わることなく続いてきました。

商業施設に来店されるたびに保険ショップは変わることなく存在し続けるという安心感はお客様にも大きく、相変わらず新規顧客や既契約者からの紹介も多くあります。

「街のために何ができるか」をビジネスモデルの軸に置くことが求められていると思います。最近は3軒先に誰が住んでいるかもわからないほどコミュニティが希薄になっています。一方で、人は人との出会いを求め、SNSを活用しています。

人の出会いをいかに作り、街全体をいかに活性化し、地域住民が一丸となって色々な街おこしをすることを保険代理店が中心になって行い、これをビジネスモデルとするのです。結果、地元企業や自治体等との提携が化学反応のように起こると考えています。

自治体も官民連携を模索し始めています。ここに保険という社会性のある商品を販売し、いまだドブ板営業を基本とし、地元に根を張っている保険代理店の価値があるのです。

地元のお祭りに積極的に参加しているだけで輪が広がります。保険代理店の事務所付近半径1㎞を毎月2回、日を決めて掃除するだけでもよいでしょう。周辺の公園のトイレを掃除して、ホームページ上で、「○○公園のトイレを掃除しましたので、お子様でも安心して使えますよ」とアップするだけでもよいと思います。

街のために何かできることを、ポイントは「続ける」ことです。こうした一歩から企業としての持続可能性も見えてくるのではないでしょうか。

勝てない時代に勝つ

その答えは、変化しないものは生き残れないということだと考えます。

太古の時代、人間は酸素という毒に対し、体内にミトコンドリアを取り入れることで勝ち残ってきたそうです。

常に変化をし続けているものにコンビニエンスストアがあります。コンビニはセブン・イレブンが東京・豊洲に1号店を開いたのが1974年5月になります。大型スーパー全盛の時代にうまくいくはずがないと言われ続けましたが、弁当などの商品の質を磨き上げるとともに、あらゆるサービスの拠点となることで顧客を拡大してきました。1980年前後にコピー機を設置、1990年前後には公共料金の収納代行を導入、2001年からATMの設置を始め、ATM利用客の約8割がついでに買い物をするという誘客スキームを次から次へと導入してきました。

コンビニは一定周期で飽和論が生じてきましたが、機能を進化させることで跳ね除けてきました。ところが、顧客数の伸び悩みや人手不足、人件費の上昇などを根拠に、今、新しい限界論が浮上しています。そこで、コンビニ各社は失速を避けようと色々な取組みをスタートさせています。

セブン・イレブンはシェア事業を手掛けるソフトバンクグループと提携して、自転車の貸出しをスタートします。貸出しや返却のついでに立ち寄る利用者を見込めるとして２０１８年度末に全国都市部の１０００店に５０００台の自転車を配置すると発表しました。

ファミリーマートでは、コインランドリーやスポーツジムを組み合わせた店舗展開を始めます。２０１９年度末までに５００店にコインランドリーを併設し、ジムとの一体型店舗は今後５年間で３００店舗を展開する計画で、集客力を上げると発表しました。ジムは健康維持に欠かせないものとなってきており、立地の良いコンビニと提携して出店してくれれば気楽に立ち寄れて便利になると思います。しかも、プロテインといった健康関係商品を置けば売上は確実に上がり、単価も高いので利益も上がると考えます。

コンビニは各店の経営を加盟店が独立して担うフランチャイズ方式ですので、既存店の苦戦が続けば出店のハードルが上がり、店舗網の拡大に支えられているチェーン全体の成長モデルが崩れかねません。そのため「異業種サービスという補助エンジンを増やして来店客を増やす」戦術で限界論を打ち破ろうとしています。

こうした異業種・異業態の「外部企業」との提携でしか「質」は担保されません。「質」とは付加価値です。付加価値とは自社で作れるものではなく、外部とのコラボでしか創出できないのです。コンビニの展開は「変化」するという意味で常に参考にしなければならないと思います。

居酒屋のワタミも「ミライザカ」や「三代目鳥メロ」といった別の屋号展開で生き残ろうとしています。「何でもある」「安い」「美味くはない」といった居酒屋のイメージを一新させ、特徴ある商品づくりで大きく変化しようとしています。「何でもあるということは何もないということ」という１８０度考え方を変えての展開です。

経営破綻した英会話のＮＯＶＡも、以前の教室スタイルからカフェ・スタイルに変え、復活を図っています。このように、「変化しないものは生き残れない」ことを他業界がすでに立証してくれているのです。

最後に

保険ショップが世に出て筆者が携わって13年。この13年間、新しい保険募集チャネルとして業界を牽引してきた保険ショップも、出店している商業施設そのものの集客力の衰退、保険ショップそのものへの飽きなどにより、大きな潮目を迎えています。今後3年、5年、業界をリードする全く新しい保険募集チャネルの登場が待たれるところです。それが何なのか、一緒に考え、トライ&エラーを繰り広げていきたいと思います。

業界の垣根を超えて保険業界に多くの企業が参入してきていますが、今後3年間のうちに想像もできなかった企業がさらに参入してくることが想定されます。全く新しい募集方法を構築し、保険代理店そのものの存在を必要としない手法を考えてくるかもしれません。多くの共感型コミュニティが生じ、クローズドのマーケットに保険のようなITが生まれてきているかもしれません。

しかし、全国各地で、保険という商品をもとに地域や人を支えているのは、地元の保険代理店であり保険募集人にほかなりません。一人ひとりのお客様の顔がわかり、声が聴け、何を求めているかを常に把握できる存在は地元の保険代理店、保険募集人のみです。

しかし、従来のままでは、さすがに生きていけません。地域を、人を支え続けたいと思うなら、過去を捨て、変化し、新しい保険代理店、保険募集人にならなければなりません。変化することは容易ではないことはよくわかっています。しかし、地域を、人を守るためにはやらなければなりません。

10年とは言いません。まずは、3年間持続するために、動かなければなりません。動けば間違いなく新しい光が見えてきます。

わからないことがあれば、いつでも気軽に筆者にご相談ください。一緒に考えていきましょう。地域のため、人のために、もう一肌脱いで頑張ってみましょう。

おわりに　～保険は「ラスト・ラブレター」～

2018年1月から書き始めて1か月ほどで初稿を書き終えました。日頃、口にしていることをまとめた内容になっていますが、お役に立てたでしょうか。

保険会社の方々、保険代理店の皆様、メディアの方々とお話しする機会があるたびに、「最近の保険業界はつまらなくなった」という声を多く聞きます。当事者の皆さんが「つまらない」と発言されるようでは、お客様にとっては保険はより「つまらないもの」と感じられているのだと思います。

本書の中でも触れましたが、保険は「ラスト・ラブレター」です。この想いを決して忘れてはなりません。そのために全国各地の保険代理店は勝ち残らないといけません。

簡単な道のりではありませんが、全国各地の志の高い保険代理店との連携で、皆さんの創意工夫を共有化することで乗り切っていき、「保険はやっぱり素晴らしい」とみんなが思えるようにしないといけません。

筆者には何の力もありませんが、旗を掲げて、方向軸を一緒に考え、正しく導く羅針盤の一部品くらいの役割は果たせるかと思います。

２年前に急性心筋梗塞で入院し、そのまま心臓冠動脈３本にバイパスを付けるという手術をし、生き残ったのも、こうした役割を果たせと何処かで仰せつかったからかと勝手に考えています。

最後になりましたが、出版にあたりご尽力いただきました近代セールス社の皆様に感謝申し上げます。

２０１８年３月　上野　直昭

●保険代理店が勝ち残るためのチェックシート

チェック	できているかをチェックしてみましょう！
	保険代理店のホームページがある
	ホームページには社長の理念が掲載してある
	ホームページに組織図が掲載され、リスク管理セクションもある
	ホームページに決算書が掲載されている
	代理店賠償責任保険に加入している
	社員全員分の社会保険料を支払っている
	社員はすべて雇用している
	社員向けに外部を使った研修を開催している
	内部監査を実施している
	相談できるコーチが複数人いる
	最新情報等を入手できる団体等に所属している
	同業者で信頼できる仲間が10人はいる
	地元の弁護士、税理士等といった士業と提携をしている
	保険代理店としての会員制を採用している
	保険外収益事業を３つ以上取り入れている
	社長自身が外部研修を年間４回以上受講している
	ネクタイ派手夫の保険流通革命のブログをチェックしている
	事務所を毎日掃除している
	事務所内、保険ショップ内に鏡がいくつも置いてある
	社員の誕生日には社長自らがプレゼントを渡している
	主要なお客様の誕生日には誕生日プレゼントを持って行っている
	既契約者全員に毎年御礼状（イベント案内等）を出している
	ＣＳＲ活動を一つは行っている
	がん患者を支援する活動をしている
	地元のお祭りには必ず参加している
	地元の信用組合と提携している
	少額短期保険を取り扱っている
	金融庁、生命保険協会等のホームページを定期的に閲覧している
	取締役会には社外取締役がいて意見をもらっている
	３年後の夢を具体的に持っている
	健康である
	定期的に海外に出掛けて知見向上を図っている
	すべてのお客様の顔をすぐに思い浮かべることができる
	徹底したカスタマー・インをしているつもりだ
	社員に20代、30代が複数いる
	社長室の机と椅子は安価な事務用品である
	業務に役立つと考えた資格を５つ以上取得している
	後継者が決まっている
	新卒者を採用している
	腹を割って話せる保険会社社員がいる
	この本を読んで変わろうと思った
	保険ショップであれば、ミステリーショッパーを採用している

●保険募集人が勝ち残るためのチェックシート

チェック	できているかをチェックしてみましょう！
	すべてのお客様の顔をすぐに思い浮かべることができる
	徹底したカスタマー・インをしているつもりだ
	お客様には年に１回以上必ずお会いしている
	LINEやFacebookといったSNSを利用している
	信頼できるコーチがいる
	３年後の計画を持っている
	年に４回以上は、保険関連の有料勉強会に参加している
	信頼して何でも相談できる保険募集人が10名以上いる
	信頼して何でも相談できる保険会社社員がいる
	年に２回は海外に出掛けて金融等の勉強をしている
	保険会社主催の勉強会には100％参加している
	地元士業等とのネットワークを有している
	自身で証券投資を行っている
	地元のお祭りの役員をしている
	地元の信用組合と付き合いがある
	地元でCSR活動をしている
	お客様との商談では喫茶店や飲食店等を利用していない
	パソコンのセキュリティは専門業者に依頼している
	毎日、営業報告書を作成している
	週に一度は休肝日を設けている
	毎日１万歩は歩いている
	健康診断は毎年実施している
	AIスピーカーを購入して自宅で使っている
	エクセルで表計算シート等を作成し、パワーポイントでプレゼン資料を作っている
	保険に関連する資格を３種類以上有している
	趣味を持っている
	おしゃれだと思う
	考え方が若いと思う

著者紹介

上野 直昭

山口県出身、広島県三原市育ち。上智大学法学部法律学科卒。来店型保険ショップ創業から保険ショップ事業に携わり、全国に保険ショップが拡大する基盤を作る。一般社団法人保険健全化推進機構結心会を主宰し、幅広い人脈を活かし、保険代理店等に役立つ情報発信と常にお客様目線で役立つコンテンツ提供をしている。
一般社団法人保険健全化推進機構結心会会長、一般社団法人全国保険代理店会会長、株式会社インステック総合研究所代表取締役、中央大学経済学部客員講師。

著書『不要な特約をやめて少額短期保険にしなさい！』東洋経済新報社
　　『成功する保険ショップ経営のすべて』近代セールス社

顧客本位の変わる保険営業

2018年５月30日　初版発行

筆者　上野　直昭
発行者　楠　真一郎
発行所　株式会社近代セールス社
http://www.kindai-sales.co.jp/
〒164－8640　東京都中野区中央１－13－９
電話　03－3366－5701　FAX　03－3366－2706
印刷・製本　株式会社アド・ティーエフ

ISBN 978-4-7650-2113-5